괴짜 생물 절규 백과

신타쿠 코지 지음

들어가며

최선을 다해 열심히 살아가는, 마땅히 사랑받아야 할 생물들이 등장하는데도 이 책에 『괴짜 생물 절규 백과』라는 감히 실례가 되는 제목을 붙였습니다. 실제 보기만 해도 징그럽거나 만나자마자 저절로 비명이 나올 만큼 싫은 생물이 여러분 가까이에도 어느 정도는 살고 있지요. 저도 손에 대기도 싫을 만큼 징그러워하는 생물이 꽤 많아요. 이유가 뭘까요? 왜 '기괴하다'는 느낌을 받는 걸까요?

사실 여기에는 과학적인 이유가 있어요. 눈에 익숙하지 않은 생물이 어떤 행동을 하는지 사전 정보가 없으니 뇌가 방심하지 말라고 경고를 하는 거죠. 그게 바로 '기괴하다'는 느낌으로 다가오는 거예요. 즉, 그 느낌이 인류가 진화하는 과정에서 유전자에 각인된 덕분에 인간은 자신에게 위험한지 아니면 안전한 상대인지를 본능적으로 구분할 수 있어요. 그렇기에 인간이 '괴짜' 같다고 생각하는 생물도, 그들의 관점에서 볼 때는 인간이 기괴한 대상일 수 있어요. 그럼 이쯤에서 여러분께

부탁드리고 싶은 건 한 걸음 더 나아가 그저 겉모양 때문에 싫어했던 생물의 진짜 모습을 봐 주었으면 하는 거예요. 외모와는 전혀 다른 의외의 면이나 뛰어난 점을 발견할 수 있을 테니까요. 사실 이건 인간 사회에서도 마찬가지예요. 사물을 바라보는 시선이나 사고방식이 다르다고 멀리했던 친구가 있지 않나요? 말해 본 적도 없는 사람을 그저 겉만 보고 "별로야."라고 말한 적은 없나요? 생물의 세계는 보이지 않는 선으로 연결되어 있어 서로 관계를 맺고 있어요. 그래서 각각의 개체가 모두 필요하지요.
이 책에서 다룬 괴짜 생물의 모습만 보고 놀라지 말고 이 생명들이 우리와 함께 지구에서 산다는 것을 상상하면서 읽어 주었으면 합니다. 생물의 모습이나 생태의 수수께끼에 흥미가 생겼다면 꼭 근처에 있는 '괴짜' 생물을 찾아보세요. 분명 새로운 세상이 펼쳐질 거예요!

신타쿠 코지

차례

모양·겉모습만으로도 수수께끼투성이!
괴짜 생물의 세계 8

우와 깜짝이야!
세계에서 가장 작은 생물 38
진기한 생물 사냥 도구 62
괴짜 생물 랭킹 88
유명해진 진귀한 생물들 108
다 함께 모여 빛을 내는 생물 122
생물 조사 대작전 124
의태하는 다양한 생물들 156
이상한 장소에서 사는 생물 180

1장 등줄기가 오싹오싹!
무시무시한 외모의 생물 — 17

마귀상어 18
골리앗타이거피시 20
바이퍼피시 22
사르케스틱 프린지 헤드 24
아이아이원숭이 26
대머리우아카리 28
망치머리박쥐 29
슈빌 30
파야라 31
왕털갯지렁이 32

혹돔 33
블랙드래곤피시 34
개소겡 35
칠성장어 36
고양이눈개구리 37

2장 저절로 웃음이 난다!
괴상한 생물 — 41

코주부원숭이 42
태양곰 44
사이가산양 45
남부주머니두더지 46
별코두더지 47
홍살귀상어 48
대눈파리 49
네혹뿔매미 50
큰머리개미 52
꿀단지개미 53
기린바구미 54
막대기메뚜기 55
피노키오개구리 56
유령유리개구리 57
무지개아가마 58
발톱벌레 59
붉은입술부치 60

3장 깜짝 놀라다! 비밀 병기를 가진 생물 ... 67

사막뿔도마뱀	68
월리스날개구리	70
파라다이스날뱀	71
남방샅오징어	72
순다날원숭이	74
불독박쥐	75
캘리포니아영원	76
키로넥스 플렉케리	77
솔레노돈	78
귀천산갑	79
여섯띠아르마딜로	80
네발가락고슴도치	81
벤텐어	82
가라루파	83
보라문어	84
비늘발고둥	85
채찍거미	86
완보동물	87

바나나민달팽이	97
피파개구리	98
돼지코개구리	100
벌거숭이뻐드렁니쥐	101
동굴도롱뇽붙이	102
무족도마뱀	103
천수해삼	104
아프리카자이언트밀리패드	105
펠레이데스모르포나비	106
큰턱뱀잠자리	107

5장 멍하니 넋을 잃고 보다! 빛나거나 투명한 생물 ... 111

산타 세실리아 코크런 개구리	112
무각거북고둥(클리오네)	114
그레타 오토	115
데메니기스	116
빗해파리	117
초롱아귀	118
뮤엘러리사슴벌레	120
무지개보아	121

4장 사진 주의! 기분 나쁜 생물 ... 93

블로브피시	94
바다거미	96

미지의 세상에서 살고 있다! 심해 생물 … 130

대왕산갈치 … 131
주름상어 … 132
넓은주둥이상어 … 134
카이트핀 샤크 … 135
펠리칸장어 … 136
실러캔스 … 137
바티노무스 기간테우스 … 138
키다리게 … 139
그림포테우티스 … 140
긴팔오징어 … 141
앵무조개 … 142
서관충 … 143
큰입멍게 … 144

6장 반드시 속고 만다! 의태 생물 … 145

흉내문어 … 146
나뭇잎해룡 … 148
마타마타거북 … 149
사탄나뭇잎꼬리도마뱀붙이 … 150
넓은부리쏙독새 … 151
난초사마귀 … 152
말레이시아뿔개구리 … 153
큰마른잎여치 … 154
주홍박각시 … 155

7장 종잡을 수 없다! 매우 희한한 생물 … 161

오카피 … 162
사불상 … 163
고라니 … 164
꿀주머니쥐 … 165
동부바위코끼리땃쥐 … 166
굿펠로우나무타기캥거루 … 167
얼룩쿠스쿠스 … 168
아마존강돌고래 … 170
주름민목독수리 … 172
하테나 아레니콜라 … 173
불우렁쉥이 … 174
작은보호탑해파리 … 175
바다나리 … 176
아홀로테 … 177
하프 스펀지 … 178
통거미 … 179

생물 다양성 핫스팟 … 186
생물의 수는 얼마나 될까? … 188

이 책을 보는 법

이름
생물의 이름과 별명, 학명을 넣었어요.

생물 데이터
한 칸씩 표시하여 해당 생물의 난폭함, 진귀한 정도 등을 표시하고 있어요. 다섯 칸이 다 차면 매우 난폭하거나 굉장히 진귀한 생물이라는 뜻이에요.

이 점이 굉장하다!
이 생물의 대단한 점을 한마디로 설명했어요.

서식지
생물이 주로 사는 지역을 지도상에 붉은색으로 표시했어요.

먹이
생물이 주로 먹는 먹이를 소개했어요. 사람이 먹을 수 있는 생물은 🍴'먹는다면…'이라고 소개했어요.

몸길이
생물의 몸길이와 몸무게는 각 생물의 최대치로 표시했어요. 생물의 크기를 10세 남자아이의 평균 신장(1.4m)과 비교했어요.

특징
생물이 지닌 특이점이나 해당 생물과 관계있는 재미있는 정보를 수록했어요.

무기&특징
생물의 무기나 필살기, 신체 특징 등을 소개했어요.

사진&일러스트
생물의 습성이나 특징을 알 수 있는 사진이나 사실감 넘치는 일러스트를 수록했어요.

학명은 세계 공통으로 사용하는 생물의 이름으로 라틴어로 표기합니다. 인간의 학명은 Homo sapiens(호모 사피엔스)입니다.

모양·겉모습만으로도 수수께끼투성이!
괴짜 생물의 세계

🕷 **바이퍼피시**

왜 이렇게 얼굴이 무시무시할까?

🐭 **벌거숭이뻐드렁니쥐**

왜 털이 없을까?

❄ **월리스날개구리**

어떻게 개구리가 하늘을 날지?

생물을 봤을 때 '기괴하다'고 느꼈다면 기분이 나쁘다, 무섭다, 이상하다, 괴상하다 등 다양한 종류의 감정이 포함되지요. 하지만 이렇게 기괴한 모습을 지닌 데에는 놀랄 수밖에 없는 진화의 이유가 있어서예요. 이 이유를 안다면 지금까지 기괴하다고만 생각했던 생물을 보고 감탄할 수밖에 없을 거예요.

왜 이토록 다양한 외모의 생물이 존재할까?

부채지느러미아귀

이런 모습을 한 이유는?

생물의 색과 모습이 지닌 '의미'를 모두 설명할 수 있을까요? 그러기 위해서는 먼저 지구 자연환경의 구조와 다른 생물의 생태를 알아야만 해요.

지구의 자연환경은 늘 변하고 있으며 생물들은 살기 좋은 장소를 서로 빼앗으며 살아왔습니다. 그 결과, 무언가 유리한 특징을 지닌 생물만이 지구에 살아남을 수 있었지요.

진화 계통상 인간과 멀리 떨어진 생물을 '기괴하다'고 느낀다

우리 인간의 눈으로 본 '기괴하다'고 느끼는 생물은 쉽게 보기 힘든 생물이나 진화 계통상 인간과 꽤 먼 그룹인 경우가 많습니다. 얼마나 위험한지 판단하거나 예측하기가 어렵기에 본능적으로 뇌가 '조심하라'는 신호를 보내 불확실한 위험에 준비하게 하는 거죠.

포유류

포유류
인간에 가까운 영장류

일본원숭이

변온동물
어류, 파충류, 양서류 등

백상아리

무척추동물
곤충, 거미, 지렁이 등

발톱벌레

→ 기괴함

기괴함을 느끼는 포인트는 무엇일까?

인간이 '기괴하다'고 느끼는 포인트로는 여러 가지가 있습니다. 예를 들어 왼쪽의 네 가지 특징을 지닌 생물을 '기괴하다'고 생각하지요.

① 색

독개구리

② 질감

바나나민달팽이

③ 인간과 다르다

타란툴라

④ 전설

아이아이원숭이

① 색
독이 있을 것 같은 색을 띠고 있는 것.

② 질감
미끌미끌하거나 우둘투둘한 길고 가는 것.

③ 인간과 다르다
다리가 많거나, 털이 길거나(혹은 없거나), 눈이 많거나(혹은 없거나), 몸과 송곳니, 뿔, 가시의 밸런스가 맞지 않는 것.

④ 전설
상상 속 악마 혹은 몬스터와 닮은 것.

왜 겉모습에 따라 다른 인상을 받을까?

아기를 '귀엽다'고 느끼는 법칙

아기를 보면 '귀엽다'는 생각이 드는데, 이유가 뭘까요? 동물 행동학으로 노벨상을 받은 오스트리아의 학자 K. 로렌츠는 아이들을 보면 무의식적으로 '귀엽다'고 느끼는 이유를 과학적으로 설명했어요. 그 덕분에 아기나 새끼 동물들에게 공통적으로 '귀엽다'고 느낄 만한 특징이 있다는 것을 알았지요.

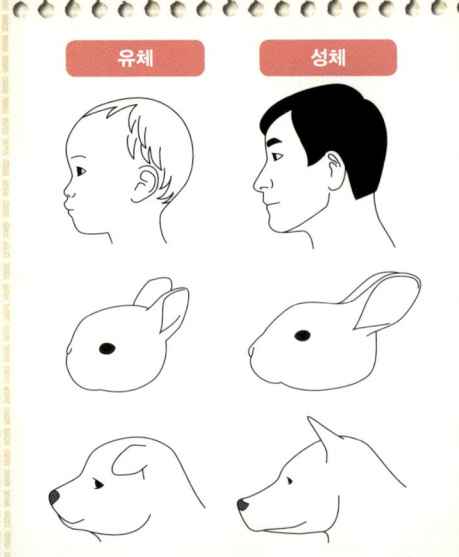

- 몸 크기에 비해 큰 머리
- 작은 얼굴에 비해 툭 튀어나온 이마
- 머리 전체 중심보다 아래에 있는 커다란 눈
- 전체적으로 둥글둥글하면서 부드러운 탄력성이 있는 몸
- 둥글고 통통하게 튀어나온 뺨
- 작은 입과 살짝 들어간 턱
- 짧고 두툼한 팔다리와 어색한 동작

아홀로틀(우파루파)

대왕판다

'기분 나쁘지만 왠지 귀여운' 생물은 '기괴함'과 아기의 특징을 모두 지닌다.

판다는 다 커도 아기 때의 특징이 남아 있다.

왜 겉모습에 따라 인상이 달라질까요? 먼저 인간이 '귀엽다'고 느끼는 원리를 이해하면 '기괴함'을 느끼는 원리도 알 수 있어요.

'귀여움'의 반대가 '기괴함'이다

어느 그림이 아기처럼 보이나요?

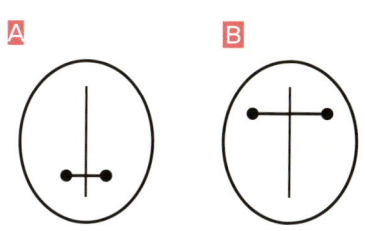

이 그림은 아기와 어른의 얼굴을 특징만 잡아 도식화한 거예요. 왼쪽의 '아기'는 눈과 코의 거리가 짧고, 오른쪽 '어른'은 눈과 코가 어느 정도 떨어져 있지요. 인간은 눈과 코의 위치로 아기와 어른을 구분해요.

귀여운 아기가 가진 요소를 반대로 하면 다 큰 어른이 되지요. 천적인 포식자에게서 본능적으로 도망쳐야 하거나 사랑의 라이벌로서 싸워야만 하는 상대. 그런 상대인 어른에게는 경계심은 물론 공포를 포함한 기괴함을 느낄 수밖에 없어요.

왜 아기는 귀여울까?

동물의 부모는 자손을 남기려고 아이를 키우거나 보호하는 본능이 있어요. 아기의 얼굴이 갖고 있는 요소를 순간적으로 파악한 뒤 그 특징을 지닌 상대를 '귀엽다'고 느끼도록 진화한 셈이지요.

아기 호랑이

다 큰 호랑이

아무리 맹수여도 아기는 무섭지 않지만, 다 큰 호랑이는 공포의 대상일 수밖에 없는 것도 우리에게 아기와 어른을 본능적으로 인식하는 능력이 있기 때문이다.

어떻게 생물의 모양이 정해질까?

베르그만의 법칙

같은 종의 포유류라도 추운 지역에 사는 동물과 더운 지역에 사는 동물은 몸 크기가 달라집니다. 추운 지역에서는 덩치를 키워야 열을 쉽게 빼앗기지 않아 체온 유지에 유리합니다. 반면 더운 지역에서는 몸이 작아야 열을 빨리 배출해 체온을 쉽게 내릴 수 있습니다.

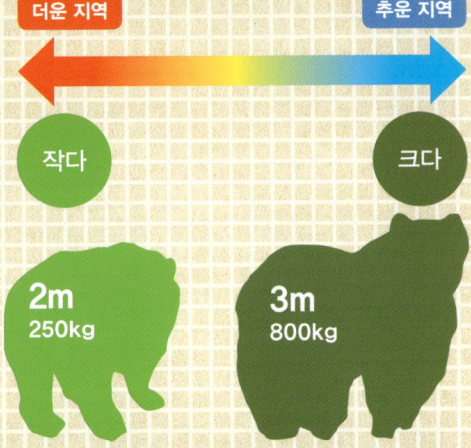

더운 지역 → ← 추운 지역
작다 / 크다
2m 250kg / 3m 800kg

일본의 불곰은 평균적으로 250kg인데 비해 추운 알래스카에 사는 불곰은 400~800kg이나 나간다.

남방의 큰곰(에조불곰)
홋카이도에 사는 불곰은 몸길이 2m, 체중이 250kg이다.

북방의 큰곰(알래스카불곰)
알래스카에 사는 불곰은 몸길이 3m, 체중은 최대 800kg이 넘기도 한다.

생물이 환경에 적응하고 있는 예를 소개할게요.
같은 종류의 동물이라도 서식 장소가 더운지 추운지에 따라 모양이 달라집니다.

앨런의 법칙

더운 지역 ← → 추운 지역

크다 / 작다

같은 종류의 포유류라도 추운 지역에서 사는 동물은 귀와 코에서부터 턱, 목, 발, 꼬리 등이 작으며 전체적으로 몸이 둥그스름하고 공기를 따뜻하게 덥혀 주는 코는 커서 쉽게 열을 빼앗기지 않습니다. 반대로 사막처럼 더운 곳에 사는 동물은 열을 쉽게 내보내야 하므로 귀가 아주 큽니다. 이것이 바로 서식지 환경에 맞추어 진화한다는 법칙입니다.

사진: Tim from Ithaca

> 사막여우는 커다란 귀로 열을 내보내며, 반대로 북극여우는 열이 나가기 어려운 신체 구조를 지녔다.

사막에 사는 여우(사막여우)

북극권에 사는 여우(북극여우)

사람에게도 적용되는 이 법칙!

북쪽 추운 지역에 사는 유럽의 서양인들은 큰 키에 체격이 크지만, 남쪽의 따뜻한 지역에 사는 동양인은 상대적으로 키가 작고 몸집이 작은데, 베르그만의 법칙으로 그 이유를 설명할 수 있습니다.

마찬가지로 서양인의 코가 더 큰 이유도 차가운 공기를 따뜻하게 덥힌 뒤 폐로 보내기 위함이며, 동양인이나 흑인의 코가 작은 것은 따뜻한 공기를 빨리 밖으로 내보내 몸을 식히기 위함으로 앨런의 법칙이 적용된 예라고 할 수 있습니다.

미지의 생물 세계로!

펠리칸장어

지구에는 적어도 300만 종 이상의 생물이 살고 있습니다. '생물의 이상한 모습'에 대해 알면 알수록 그들이 사는 '신기한 장소' 역시 생각보다 꽤 많이 있다는 것도 알게 될 거예요. 왜 이런 이상한 모습을 하게 됐는지 명탐정이 된 기분으로 하나씩 이유를 생각하면서 읽어 보자고요!

별코두더지

기린바구미

큰살파벌레

칠성장어

살아 있는 화석이란?

'살아 있는 화석'이라 불리는 생물은 이미 오래전 멸종해서 화석으로만 발견되는 생물과 모습이 흡사한 생물을 말합니다. 지구 자연환경이 몇만, 몇억 년 사이에 급격히 변화했는데도 멸종하지 않고 살아남은 기적의 생물입니다.

1장
등줄기가 오싹오싹!
무시무시한 외모의 생물

마귀상어

세상에서 가장 기괴한 모습의 수수께끼 상어

어류

별명 : 고블린 상어   학명 : Mitsukurina owstoni

심해 생물

- 흉포성
- 진화도
- 미스터리
- 희귀성
- 변신력

이 점이 굉장하다! 입에서 턱이 에일리언처럼 튀어나왔다.

전기 수용기
코끝에는 전기 수용기(로렌치니 기관)가 많이 있어서 생물이 발산하는 미약한 전류를 감지하여 빛이 없는 심해에서도 새우를 잡을 수 있다.

이빨
헤엄을 칠 때는 보이지 않지만, 먹잇감을 물어뜯을 때는 새 부리처럼 생긴 턱이 툭 튀어나온다. 이 이빨은 몸집이 가는 게나 오징어를 자르는 데 최적화되어 있다.

서식지 : 세계 각지의 1,200m 심해

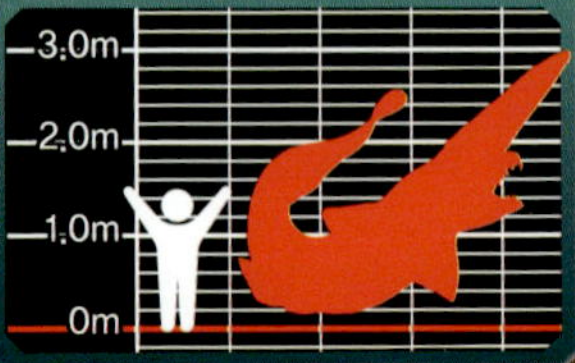

먹이 : 심해에 사는 게, 새우, 오징어

몸길이 : 4m

특징 : 중생대 백악기 전기(1억 2,500만 년)에 출현해서 살아 있는 화석으로도 불린다.

심해에 사는 수수께끼의 상어로, 얼굴 생김새는 괴기스럽지만, 심해에 살기에 적합하다. 어미의 몸 안에서 수정란이 부화하는 난태생이라 두 개의 자궁에서 여러 마리의 새끼가 태어나지만 서로 잡아먹고 보통 2마리가 살아남는다.

The World of Weird Creatures

학명 Mitsukurina owstoni는 마귀상어를 처음 발견한 앨런 오스톤(Owston)과 일본 미쓰쿠리(Mitsukuri) 가키치 교수의 이름을 따서 만들었다. 도쿄 만 부근에서 어린 마귀상어가 잡힌 적이 있다.

살아 있을 때는 피부가 반투명이라 혈액이 비쳐 몸 전체가 분홍색으로 보이지만 죽으면 회색으로 변한다. 연골어류라 온몸이 부드러운 뼈로 이루어져 있다.

등줄기가 오싹오싹! 무시무시한 외모의 생물

사진 : Dianne Bray Musium Victoria

담수어 최대급으로 날카로운 이빨을 지닌 살인 물고기

골리앗타이거피시

어류

학명 : *Hydrocynus goliath*

흉포성	■■■	진화도	■■	미스터리	■■
희귀성	■■■	변신력	■■		

이 점이 굉장하다! 어류 중 가장 큰 이빨을 가졌다. 한 번 물리면 떼어 낼 수가 없다.

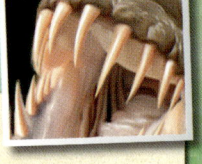

이빨
이빨은 날카로우며, 호랑이의 송곳니와 크기가 같다. 입을 크게 벌릴 수 있게 위턱에 관절이 있다.

청력
공기주머니인 부레와 측선(옆줄)을 통해서 음파를 감지하는데, 웨버 기관이라는 통로를 통해 내이로 전달된다.

서식지 : 아프리카 콩고강, 탕가니카호 등

몸길이 : 1.5m **체중** : 50kg

먹이
물고기, 파충류, 작은 동물

🍴 **먹는다면?** 특히 입술이 맛있다고 한다.

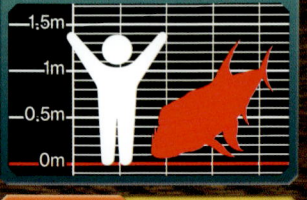

특징 사람을 공격한 경우가 다수 있다. 물보라가 일면 공격하는 습성이 있으며 악어한테도 달려든다고 한다.

아프리카 콩고강에 서식하는 대형 육식 어류다. 피라냐와 비슷하다. 유속이 빠른 강에서도 사냥감을 놓치지 않고 잡을 만큼 입이 기능적으로 진화했다. 현지인들은 악령이 이 대형 물고기 안에 들어가 사람을 공격하도록 부추긴다고 믿는다.

The World of Weird Creatures

19세기 말에 발견했다. 골리앗은 구약 성경에 나오는 최강 병사의 이름에서 유래했다. 살인 물고기로 유명한 상어, 피라냐, 바라쿠다 등에 뒤지지 않는 대형 괴물 물고기다.

몸 안에서 특수한 스테로이드 호르몬이 나오는데 환경에 따라 성장 속도를 조절한다. 살점이 꽤 많아 현지에서는 식용으로 즐긴다.

등줄기가 오싹오싹! 무시무시한 외모의 생물

사진 : Cedricguppy-Loury

심해의 빛나는 왕
바이퍼피시

별명 : Sloane's viperfish 학명 : *Chauliodus sloani*

심해 생물

어류

- 흉포성
- 진화도
- 미스터리
- 희귀성
- 변신력

이 점이 굉장하다! 빛을 내는 육식 심해어

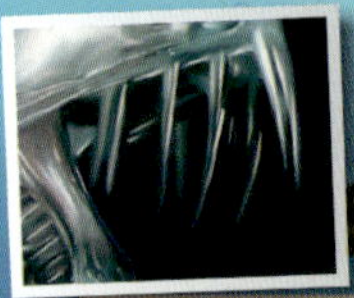

⚡ 발광
등지느러미 끝에 있는 발광기가 입 앞으로 오면 빛이 난다. 헤엄칠 때는 발광기가 뒤로 돌아간다.

이빨
사냥감을 놓치지 않는 날카로운 이빨을 지녔다. 눈동자의 두 배 이상 되는 길이이며 자신의 몸과 비슷한 크기의 사냥감을 통째로 자를 수 있는 강력한 턱과 신축성이 뛰어난 위를 가졌다.

서식지 : 온대 지역의 2,500m 심해

몸길이 : 35cm

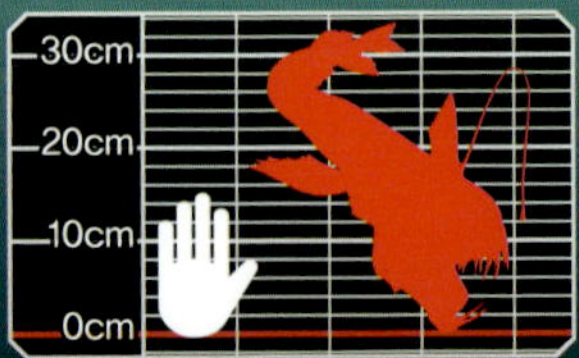

먹이
심해의 작은 물고기, 새우

특징
날카로운 이빨로 물어뜯고 사냥감을 뺄 때는 위로 튕겨 낸다. 가끔 빠지지 않아, 숨이 막혀 죽기도 한다.

1,500m 심해에 서식한다. 배와 등지느러미 끝의 발광기에서 빛을 내는데, 어두운 심해에서 빛을 보고 모여드는 물고기나 새우를 유인하여 긴 이빨과 큰 입으로 포획한다. 이빨이 길어진 건 먹잇감이 부족한 심해에서 놓치지 않고 잡도록 진화한 탓이다.

The World of Weird Creatures

영어 이름인 바이퍼는 코브라나 살무사 같은 공격적인 독뱀을 뜻하는 단어다. 바이퍼피시는 야생에서 30~40년을 살 수 있다고 한다. 하지만 포획된 경우 몇 시간 만에 죽는다.

등줄기가 오싹오싹! 무시무시한 외모의 생물

'입으로 싸우는' 괴물 물고기

사르케스틱 프린지 헤드

어류

별명 : 큰입비늘베도라치(가칭)   학명 : *Neoclinus blanchardi*

| 흉포성 | ■■■ | 진화도 | ■■■■ | 미스터리 | ■■■■ |
| 희귀성 | ■■ | 변신력 | ■■■■■ | | |

이 점이 굉장하다! 순식간에 대변신하는 괴물 물고기

입
주로 천적과 싸울 때나 먹잇감을 쫓을 때에 입을 크게 벌린다.

기능
몸만 보면 말미잘과 비슷해 보인다.

서식지 : 북미 캘리포니아 주위의 얕은 바다의 암석

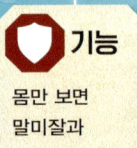

먹이
작은 물고기, 새우, 게

몸길이 : 30cm

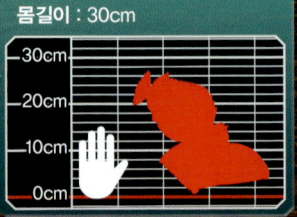

특징
영역 의식은 약한 편이나 수컷이 알을 지키는데 알에 신선한 바닷물이 닿도록 입으로 물을 쓸어 오기도 한다.

평소에는 베도라치답게 암석 틈이나 조개껍데기에 몸을 숨기고 산다. 하지만 영역 싸움을 하려고 라이벌 수컷이 다가오면 자신의 몸과 같은 크기로 입을 벌리고 싸우거나 서로 밀어내기를 한다. 입이 큰 수컷이 이긴다.

The World of Weird Creatures

좁은 장소에 몸이 들어갈 정도로 장어처럼 부드럽게 몸을 휠 수 있다. 아직까지 상세한 생태 조사나 연구가 진행되질 않았다.

등줄기가 오싹오싹! 무시무시한 외모의 생물

불길한 악마로 취급받았던 희귀 동물
아이아이원숭이

포유류

별명 : 손가락원숭이 학명 : *Daubentonia madagascariensis*

흉포성	■□□□□
희귀성	■■■□□
진화도	■□□□□
변신력	■□□□□
미스터리	■■■□□

이 점이 굉장하다! 세상에서 가장 원숭이 같지 않은 원숭이

청각
귀를 자유자재로 움직일 수가 있어 숲 속에서도 유충의 움직임을 구분해 낸다.

이빨
쥐처럼 앞니가 평생 자란다. 원숭이에 속하는 동물들은 보통 앞니가 자라지 않는다.

발톱
중간 발가락의 가늘고 긴 발톱을 작은 나무 구멍 속으로 집어넣어 유충을 꺼내 먹을 수 있다.

사진 : Rama

서식지 : 아프리카 마다가스카르섬의 숲

먹이 : 곤충, 과일, 버섯

몸길이 : 40cm **체중** : 2kg

특징 현지에서는 아이아이와 마주치면 가족이 죽는다는 미신 탓에 아이아이를 죽인 뒤 흰 천에 싸서 묻는 풍습이 있다.

아프리카 마다가스카르섬에만 서식하는, 다람쥐처럼 진화한 원숭이다. 처음 발견했을 때는 앞니의 특징과 나무 위에 둥지를 짓는 습성 때문에 쥐의 일종이라고 생각했다. 가끔 나무 밑으로 내려오지만 거의 모든 생애를 나무 위에서 보낸다. 아이아이는 울음소리에서 유래한 이름이다.

The World of Weird Creatures

18세기 말에 프랑스 탐험가가 발견하였다. 그 뒤로 멸종한 것으로 알려졌으나 1957년에 다시 세상에 모습을 드러냈다. 전 세계 동물원에서도 극소수만 사육에 성공했다.

등줄기가 오싹오싹! 무시무시한 외모의 생물

대머리우아카리

아마존의 붉은 귀신

포유류

학명 : *Cacajao calvus*

흉포성		진화도		미스터리	
희귀성		변신력			

이 점이 굉장하다! 온화하고 싸움을 싫어한다.

얼굴색
얼굴색이 붉은 건 혈관이 비쳐 보여서다. 몸 상태가 좋지 않을 땐 색이 옅어진다.

후각
콧구멍이 옆으로 나 있어, 영장류 중에서도 후각이 뛰어난 편이다.

서식지 : 남미, 아마존강 상류의 정글

몸길이 : 45cm **체중** : 4kg

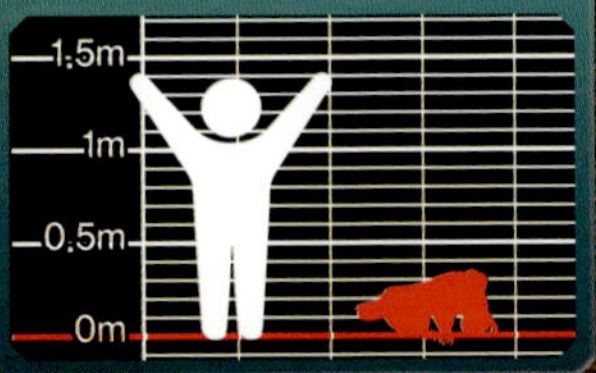

먹이
과일, 나뭇잎, 곤충

먹는다면? 원주민이 식량으로 삼는 바람에 멸종 위기에 있다.

특징
평소에 서로 털을 골라 주며 깊은 정을 나누고, 아기 원숭이를 무리 전체가 소중히 여긴다.

남미 아마존에 사는 미스터리한 원숭이. 얼굴에 털이 없으며 새빨간 피부색을 지녔다. 화가 나면 더욱 시뻘겋게 변한다. 영장류는 시각이 뛰어난 까닭에 이렇게 색으로 의사소통을 한다. 주행성이며 밤에는 나무 위에서 잠을 잔다. 최대 100마리까지 큰 집단을 형성한다.

말 머리를 한 박쥐
망치머리박쥐

포유류

학명: *Hypsignathus monstrosus*

| 흉포성 | ■■□□□ | 진화도 | ■■■□□ | 미스터리 | ■■■■□ |
| 희귀성 | ■■■□□ | 변신력 | ■■□□□ | | |

이 점이 굉장하다! 얼굴이 큰 진귀한 박쥐

시각
초음파로 곤충을 찾는 소형 박쥐는 눈이 퇴화했지만, 과일을 먹는 박쥐는 색을 구별할 만큼의 시력이 남아 있다.

등줄기가 오싹오싹! 무시무시한 외모의 생물

우는 소리
"부~, 부~." 하고 코를 울려서 소리를 내는데, 구애를 위해 암컷에게 들려준다.

암컷
수컷만 말처럼 생긴 커다란 얼굴을 지녔을 뿐, 암컷은 여우처럼 생긴 얼굴이다.

서식지: 아프리카
북서부(세네갈, 콩고, 우간다) 숲

몸길이: 30cm 체중: 450g

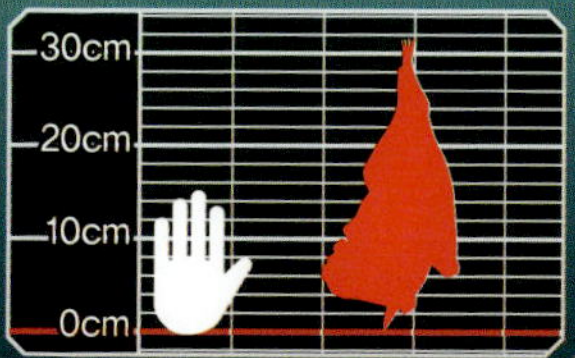

먹이: 과일

🍴 **먹는다면?** 현지에서는 식용으로 쓰인다.

특징: 과일의 과즙만을 먹고 나머지는 전부 버린다. 대소변은 물론 출산도 거꾸로 매달려 한다.

아프리카 북서부 숲에 사는 박쥐다. 초음파보다 눈으로 먹이를 찾는다. 수컷은 암컷보다 두 배 정도 크다. 구애를 위해 수컷의 코만이 진화하여 말처럼 변했는데 암컷을 유혹하고 과일즙을 빨리 빨아먹기 위한 목적인 것으로 추측된다.

슈빌

살아 있다고? 움직이지 않는 진귀한 새

조류 | 별명: 넓적부리황새 | 학명: *Balaeniceps rex*

- 흉포성: ■■
- 진화도: ■■■
- 미스터리: ■■■
- 희귀성: ■■■
- 변신력: ■

이 점이 굉장하다! 거대한 부리를 지닌 괴물 새

눈의 색
눈 색은 금색이지만, 나이를 먹을수록 청색으로 변한다.

부리
대부분 소리 내며 울지 않지만, 부리를 고속으로 따닥따닥 부딪쳐 의사소통을 한다.

샤워
날이 더울 땐 부모가 부리에 물을 한가득 담아 와 샤워하듯이 새끼들에게 뿌려 준다.

서식지: 아프리카 동부(에티오피아, 수단) 습지

몸길이: 1.2m **체중**: 5kg

먹이: 물고기, 개구리, 곤충, 병아리, 쥐

특징: 아프리카 환경이 혹독해서 새끼는 한 마리만 키운다. 둘째부터는 버린다.

아프리카 습지에 서식하는 대형 황새다. 부리가 구두처럼 넓적하게 생겨 '구두(shoe)와 같은 부리(bill)'라는 뜻의 '슈빌(shoebill)'이라 불린다. 참을성이 있어서 먹잇감을 잡기 위해 몇 시간 동안 움직이지 않을 때도 있다. 더위에 잘 버티는 강한 몸을 가졌다.

흡혈귀의 송곳니 같은 이빨을 가진 물고기
파야라

어류

별명 : 뱀파이어 물고기　학명 : *Hydrylucus scomberoides*

- 흉포성 ■
- 진화도 ■■
- 미스터리 ■■
- 희귀성 ■
- 변신력 ■

이 점이 결정타! 현지에서는 파야라의 얼굴을 난폭한 개에 비교하기도 한다.

이빨
육식 동물처럼 15cm나 되는 거대한 이빨로 물고기를 찔러 잡는다.

빛나다
갈치처럼 비늘이 금속같이 빛난다.

무리
무리 지어 먹잇감을 찾을 때도 있다.

등줄기가 오싹오싹! 무시무시한 외모의 생물

서식지 : 남미 아마존강, 오리노코강

몸길이 : 1m

먹이 : 작은 물고기

🍴 **먹는다면?** 현지에서는 식용으로 잡는다. 꽤 맛있다고 한다.

특징 : 무시무시한 외모에 어울리지 않는 온순하고 소심한 성격. 먹이 외에 다른 대상은 물지 않는다.

남미 아마존강에 사는 담수어다. 아래턱에 난 15cm 이상 되는 이빨은 마치 흡혈귀의 송곳니와 비슷하다. 머리를 약간 아래로 향하게 두고, 지나가는 작은 물고기를 이빨로 꿰뚫어 사냥한다. 시야가 흐린 탁한 강에서도 먹이를 사냥할 수 있도록 진화했다.

길이 3m의 거대한 육식 몬스터
왕털갯지렁이

환형동물

별명 : 보빗웜   학명 : *Eunice aphroditois*

| 흉포성 | ■■ | 진화도 | ■ | 미스터리 | ■■■ |
| 희귀성 | ■■ | 변신력 | ■ | | |

이 점이 굉장하다! 성질이 난폭한 육식 갯지렁이

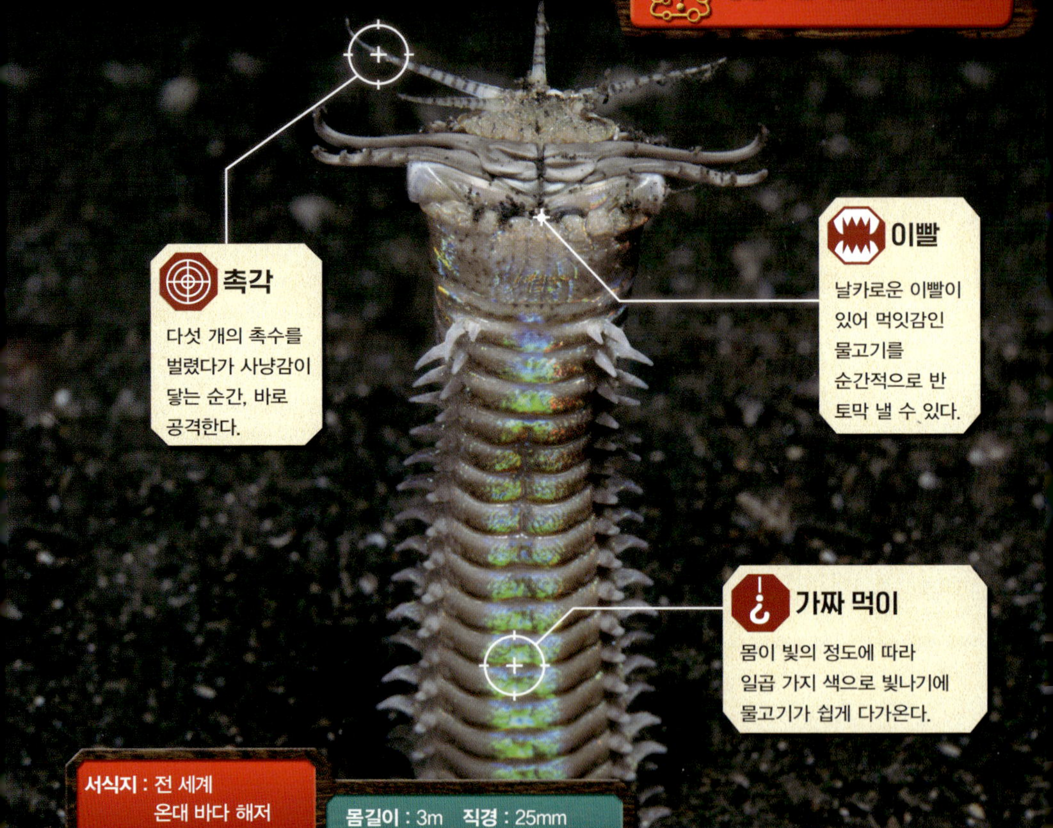

촉각
다섯 개의 촉수를 벌렸다가 사냥감이 닿는 순간, 바로 공격한다.

이빨
날카로운 이빨이 있어 먹잇감인 물고기를 순간적으로 반토막 낼 수 있다.

가짜 먹이
몸이 빛의 정도에 따라 일곱 가지 색으로 빛나기에 물고기가 쉽게 다가온다.

서식지 : 전 세계 온대 바다 해저

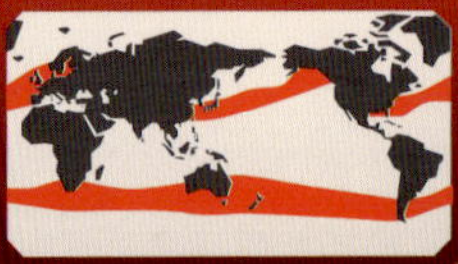

몸길이 : 3m   직경 : 25mm

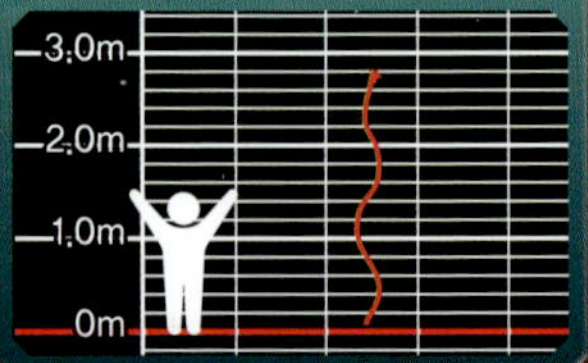

먹이 : 물고기

특징 : 원래 갯지렁이는 낚시할 때 미끼로 많이 쓰지만, 이 왕털갯지렁이는 반대로 물고기를 잡아먹을 만큼 흉포하다.

왕털갯지렁이는 눈이 보이지 않는다. 하지만 물의 흐름을 느껴 먹잇감을 감지할 수 있는 촉수가 있다. 둥지에서 몇 cm만 머리를 내밀고 있다가 강력한 집게로 물고기 등을 잡아 둥지 안으로 끌고 들어간다. 둥지 구멍을 빠르게 오갈 수 있는 신체 구조를 가졌다.

성별이 바뀌는 혹이 달린 거대 물고기
혹돔

어류

별명 : Asian Sheepshead Wrasse   학명 : *Semicossyphus reticulatus*

| 흉포성 | ■■ | 진화도 | ■■■ | 미스터리 | ■■■ |
| 희귀성 | ■■ | 변신력 | ■■■■■ | | |

이 점이 굉장하다! 암컷으로 태어나서 다 크면 수컷이 된다.

❗ 혹
50cm 이상의 수컷에게만 있다. 혹 안은 지방으로 채워졌다. 나이를 먹을수록 아래턱도 점점 부푼다.

> 등줄기가 오싹오싹! 무시무시한 외모의 생물

🦷 턱과 이빨
매우 강력한 턱과 날카로운 이빨을 지녔다. 목 안쪽에도 조개를 깨부술 수 있는 이빨이 나 있다.

서식지 : 동아시아의 온대 바다

몸길이 : 1m

먹이
조개, 게 등

🍴 **먹는다면?** 식용으로 인기 있다.

특징
다 큰 물고기는 적자색, 어린 물고기는 주황색이다. 영역 의식이 강하지만 새끼는 절대로 공격하지 않고 소중히 지킨다.

놀래기류에 속하지만 크고 힘이 세며 붉은빛을 띠어 '돔'이라는 이름이 붙여졌다. 50cm가 넘으면 일부가 혹이 생기면서 수컷으로 성별이 바뀐다. 수컷과 암컷의 크기와 모양이 매우 달라서 과거에는 별개의 종으로 생각했다.

어류

작은 수컷은 암컷에게 기생한다!

블랙드래곤피시

학명 : *Idiacanthus atlanticus*

심해 생물

- 흉포성 ■■□□□
- 진화도 ■■■□□
- 미스터리 ■■■■□
- 희귀성 ■■□□□
- 변신력 ■■■□□

이 점이 굉장하다! 어린 물고기는 눈이 밖으로 튀어나와 있다.

이빨
날카로운 이빨은 입 안쪽으로 쏠려 나 있어, 한 번 잡은 사냥감은 놓치지 않는다. 수컷은 입이 작게 퇴화하여 먹이를 잡지 못한다.

발광기
턱 밑에 커다란 발광기가 있는데, 빛을 내서 심해에서 사냥감을 유인한다. 배 밑에도 다수의 작은 발광기가 있다.

서식지 : 전 세계
400~800m 심해

먹이
작은 물고기, 새우

몸길이 : 암컷 50cm, 수컷 8cm

특징
입을 크게 벌린 채로 사냥감을 덮친다. 피부는 비늘이 없고 매끈하다. 몸은 뱀처럼 가늘고 길다.

어린 물고기는 수면 가까이에서 살며, 두 개의 눈동자가 길게 툭 튀어나와 있어 입술과 함께 눈이 세 개인 것처럼 보인다. 다 자라면 심해로 서식지를 옮기는데, 눈동자의 위치도 다른 물고기처럼 제대로 자리 잡는다. 수컷은 암컷의 5분의 1 정도의 크기로 암컷에 기생한다.

개소겡

진흙에 사는 '에일리언'

어류

별명 : Green eel goby 학명 : *Odontamblyopus rubicundus*

- 흉포성
- 희귀성
- 진화도
- 변신력
- 미스터리

이 점이 굉장하다! 눈은 매우 작으며 다 성장하면 퇴화한다.

등줄기가 오싹오싹! 무시무시한 외모의 생물

이빨
입이 크고 이빨이 나란히 나 있다.

시력
퇴화한 눈은 마치 점처럼 보인다.

이동
비늘이 퇴화해 피부가 미끌미끌해 진흙 속을 재빨리 이동할 수 있다. 배지느러미는 좌우가 한데 붙어서 빨판을 형성한다.

서식지 : 한국, 일본, 중국의 갯벌

먹이
작은 물고기, 게, 갯지렁이

먹는다면? 쫄깃쫄깃한 맛이 일품이다.

몸길이 : 40cm

특징
무시무시한 외모에 날카로운 이빨을 지녔지만 물려도 별로 아프지 않다.

망둑어의 일종인 해수어로 갯벌에서 산다. 멸종위기종이다. 외모가 영화 '에일리언'에 나온 괴물과 똑같다. 이 무시무시한 외모는 바닷물이 밀려 나간 갯벌 환경에 맞게 살아가도록 진화한 것이다.

물고기에 기생하는 우주 생물?

칠성장어

어류

학명 : *Lampetra japonica*

| 흉포성 | ■■ | 진화도 | ■ | 미스터리 | ■■■ |
| 희귀성 | ■■ | 변신력 | ■■ | | |

이 점이 굉장하다! 턱이 없는 원시 물고기

! 두 개의 지느러미
꼬리지느러미와 등지느러미만 있다. 비늘은 퇴화해 없다.

빨다
빨판 형태의 입을 다른 물고기에 붙인 뒤 피부, 근육, 체액 등을 녹여서 빨아먹는다.

사진 : Drow_male

서식지 : 동아시아의 온대~한대 바다와 강

먹이 : 물고기
먹는다면? 꼬챙이에 꿰어 구워 먹는데, 맛있다.

몸길이 : 50cm

특징 : '어류'에 집어넣어야 할지 의견이 분분할 만큼 수수께끼투성이인 생물이다.

몸 옆에 7개의 원시적인 형태의 아가미구멍이 있어 칠성장어라는 이름이 붙었지만, 사실 장어와는 전혀 상관없는 생물로 척추동물의 선조에 가까운 것으로 보고 있다. 강에서 태어나 2~3년 바다에서 살다가 담수인 강으로 돌아와 알을 낳고 죽는다.

고양이눈개구리 (일본명)

개구리인데 고양이 눈?

양서류

별명 : Waxy monkey frog 학명 : *Phyllomedusa sauvagii*

| 흉포성 | ■■ | 진화도 | ■■■ | 미스터리 | ■■ |
| 희귀성 | ■■ | 변신력 | ■■ | | |

이 점이 굉장하다! 건조함에 강한 개구리

🛡 방어
피부에서 왁스가 나와 마르는 것을 막아 준다.

등줄기가 오싹오싹! 무시무시한 외모의 생물

🎯 고양이 눈
빛 조절 능력이 뛰어나 밝은 곳에서는 고양이 눈처럼 가늘어진다.

서식지 : 남미 (아르헨티나, 파라과이 등) 숲

먹이
곤충

몸길이 : 7cm
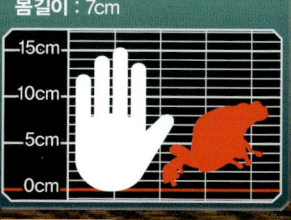

특징 나무에서 생활하는 데 필요한 조건들을 갖추고 있으며 요산으로 변한 소변을 보아 수분 배출을 막는다.

남미에 사는 청개구리의 일종으로 야행성에 적합한 고양이처럼 큰 눈을 지녔고 피부에서 수분을 머금은 왁스가 나와 피부가 마르는 것을 막는다. 다른 개구리는 피부 전체에서 물을 흡수하지만, 이 개구리는 입으로 마신다. 물웅덩이가 있는 잎 위에 알을 낳는다.

37

우와 깜짝이야! 세계에서 가장 작은 생물

손가락 끝이나 손바닥 위에 올라갈 만큼 너무나 작고 앙증맞은 생물들. 왜 이렇게 작은 걸까? 어떻게 살아갈까? 수수께끼투성이의 작은 세계로 떠나보자!

척 추동물 중에서 가장 작은 생물

페도프라이네 아마우엔시스

2009년에 발견한 세상에서 가장 작은 개구리. 모든 척추동물 중에서도 가장 작은데, 다 커도 몸길이가 7.7mm로 1cm에 이르지 않는다. 파푸아뉴기니 열대 우림의 마른 잎 밑에서 살며, 수컷은 곤충처럼 고음의 아름다운 소리로 운다. 전 세계적으로 아직 알려지지 않은 개구리가 꽤 많다.

몸길이 7.7mm
체중 0.1g

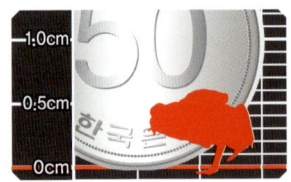

학명 / *Paedophryne amauensis*

파 충류 중에서 가장 작은 카멜레온

브루케시아 미크라

몸길이 2cm 체중 0.2g   21세기에 들어서면서 발견된 새로운 종류로 모든 파충류 중에서 가장 작다. 다 성장해도 몸무게가 0.2g밖에 나가지 않을 만큼 작다. 마다가스카르의 숲에서 살며 썩은 과일 근처에서 초파리가 모이기를 기다려 잡아먹는다. 성장할수록 꼬리 끝이 주황색으로 바뀐다.

학명 / *Brookesia micra*

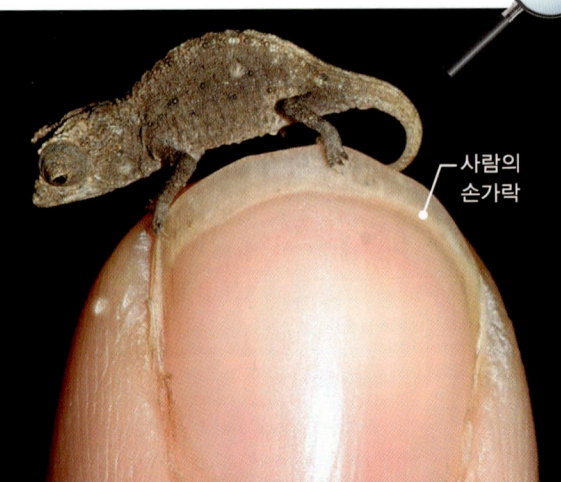

사람의 손가락

학명/*Craseonycteris thonglongyai*

가장 작은 포유류 중 하나

뒤영벌박쥐 (범블비배트)

몸길이 3cm 체중 2g

다 자라도 몸길이가 3cm밖에 안 되는 숟가락 크기의 박쥐. 1,000종에 가까운 박쥐 무리 중에서 가장 작으며, 모든 포유류 중에서도 가장 작은 몸집의 동물 중 하나다. 태국 서부의 열대 우림 속 동굴에서 산다. 곤충을 잡아먹으며 500마리 정도가 무리를 지어 살지만, 박쥐 동굴에 관광객이 폭증하면서 현재는 멸종 위기에 처했다.

곤충처럼 세계에서 가장 작은 새

꿀벌벌새

다 성장해도 1원짜리 동전 2개 정도의 체중이며, 헬리콥터처럼 공중에서 정지해서 날 수 있는 새다. 이렇게 하루에 자기 체중의 1.5배나 되는 꿀을 먹는다. 쿠바의 삼림이나 초원에서 살지만 크기가 작아 곤충으로 착각하는 경우도 있다.

몸길이 6cm
체중 2g

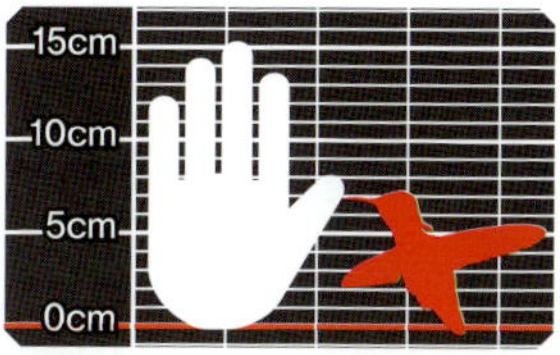

학명/*Mellisuga helenae*

학명/*Microcebus myoxinus*

생 쥐와 같은 크기의 원숭이

피그미쥐리머

몸길이 6cm 체중 30g 전 세계에 약 200여 종 있는 원숭이 중에서 가장 작으며 가장 큰 고릴라의 만분의 1 크기다. 1992년에 마다가스카르의 숲에서 발견한 원시적인 원숭이다. 야행성으로 자세한 생태는 알려지지 않지만 최근 삼림 파괴로 그 수수께끼를 풀지 못한 채 멸종의 위기에 봉착했다.

손 바닥에 올릴 수 있는 가장 작은 사슴

자바애기사슴

몸길이 30cm 체중 2kg 인도네시아 삼림에서 서식하는 세계에서 가장 작은 사슴이다. 다 커도 작은 토끼 정도의 크기다. 발굽을 가진 초식 동물 중에서도 가장 작다. 뿔은 없지만 송곳니는 있는데 3천만 년 전 모습이 그대로 이어진 원시적인 생물이기도 하다.

학명/*Tragulus javanicus*

극히 작은 캥거루의 선조?

쥐캥거루

몸길이 35cm 체중 1kg 호주와 태즈메이니아 숲에서 서식하는 가장 작은 캥거루의 일종이다. 마치 쥐처럼 생긴 쥐캥거루과는 오래전 캥거루 선조가 숲에서 생활하던 당시의 생태와 모습을 간직한 원시적인 종이다. 다른 캥거루와는 달리 뒷발이 커지는 방향으로 진화하지 않았다.

학명/*Potorous tridactylus*

2장
저절로 웃음이 난다!
고상한 생물

일본 요괴 텐구를 닮았다!
코주부원숭이

포유류

별명: 큰코원숭이 학명: *Nasalis larvatus*

흉포성
진화도
미스터리

희귀성
변신력

이 점이 굉장하다! 거대한 코를 가진 미스터리한 원숭이

되새김질
배가 큰 이유는 주식으로 먹은 잎을 소화하기 위해 장이 길어져서다. 소처럼 먹은 것을 되새김할 수 있다.

장식에 불과한 코
다 큰 수컷은 코도 커지지만, 후각이 그다지 뛰어난 편은 아니라 장식품에 불과하다.

헤엄치다
원숭이치고는 드물게 헤엄을 잘 친다. 발가락 사이에 물갈퀴가 있다.

서식지: 동남아시아(인도네시아, 말레이시아 등)의 맹그로브 숲

먹이: 잎, 과일

몸길이: 70cm **체중**: 20kg

특징
지나치게 큰 코는 식사를 할 때 방해될 때가 있어 손으로 코를 위로 들어 올린 뒤 먹기도 한다.

코가 큰 신기한 원숭이다. 그 모습이 마치 일본 설화에 등장하는 요괴 텐구와 닮았다. 하지만 수컷만 큰 코를 지녔으며 암컷은 체중도 수컷의 반밖에 안 나간다. 코주부원숭이에게 코는 구애의 도구로, 코가 클수록 암컷에게 인기가 많다.

The World of Weird Creatures

코주부원숭이는 10~30마리가 무리를 이루는데, 그중에서 다 자란 수컷은 단 한 마리뿐이다.

저절로 웃음이 난다! 괴상한 생물

태양곰

불곰의 10분의 1밖에 안 되는 가장 작은 곰!

포유류

별명 : 말레이곰 학명 : *Helarctos malayanus*

- 흉포성
- 진화도
- 미스터리
- 희귀성
- 변신력

이 점이 굉장하다! 작은 몸과 긴 혀

후각
눈이 작고 시력도 좋지 않아서 대부분을 후각에 의지한다.

긴 혀
30cm 이상 내밀 수 있는 긴 혀를 지녔다. 곤충이나 벌꿀을 먹는 데 편리하다.

발톱
곰답게 날카로운 발톱이 있다. 이 발톱으로 나무에 곧잘 올라탄다.

서식지 : 동남아시아(인도네시아, 태국, 베트남 등)의 숲

먹이 : 과일, 벌꿀, 곤충, 작은 동물

먹는다면? 예전에는 약용으로 먹었다고 한다.

몸길이 : 1.2m **체중** : 40kg

특징 : 품질 좋은 모피와 한방약의 원료로 사용되는 바람에 마구잡이로 포획되어 현재 멸종 위기에 있다.

세계에서 가장 작은 곰이다. 더운 지역에서 살기에 열을 쉽게 받지 않고 빨리 체온을 식히기 위해 몸이 작아졌다. 긴 혀를 가졌으며 반달가슴곰처럼 가슴에 '달 모양'을 한 흰색 무늬가 있다. 일부일처제로 야행성이며 사람에게 난폭한 편이다.

사이가산양

코끼리 코와 사슴의 뿔을 지닌 양

포유류

별명 : 왕코산양   학명 : *Saiga tatarica*

흉포성	■ □ □ □ □
진화도	■ ■ □ □ □
미스터리	■ ■ ■ □ □
희귀성	■ ■ ■ □ □
변신력	■ ■ □ □ □

이 점이 굉장하다!
추운 곳에서 적응할 수 있는 커다란 코를 지녔다.

! 마킹
눈 밑에는 나무에 묻혀 마킹을 할 수 있는 분비선이 있다.

! 코
코끼리처럼 생겼다. 차가운 공기가 폐를 얼게 하지 않도록 콧속에서 공기를 덥힐 수 있다.

➡ 이동
최고 속도 시속 80km로 달릴 수 있으며 하루에 120km나 이동하기도 한다.

저절로 웃음이 난다! 괴상한 생물

서식지 : 중앙아시아(러시아, 카자흐스탄, 몽골)의 초원

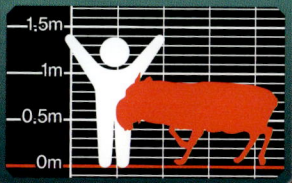
몸길이 : 1.3m   체중 : 50kg

먹이
나뭇잎, 풀(볏과 식물)

🍴 **먹는다면?** 사냥 후 고기를 먹기도 한다.

특징   수가 적어 보호한 결과 천 마리에서 200만 마리까지 늘었지만 뿔과 가죽을 얻으려 남획해 현재 300여 마리밖에 없다.

중앙아시아에 서식하는 산양이다. 희고 두꺼운 가죽은 여름에는 회색으로 바뀌며 뿔은 수컷에게만 있는데, 길이는 20~30cm이다. 초원에 살며, 겨울에는 큰 무리를 이룬다.

포유류

모래 속에서 평생을 사는 수수께끼의 포유류
남부주머니두더지

학명 : Notoryctes typhlops

흉포성		진화도		미스터리	
희귀성		변신력			

이 점이 굉장하다! 두더지가 된 수수께끼의 캥거루?

시각, 청각
눈이 퇴화하여 작은 구멍밖에 남지 않았다. 바깥귀(외이)는 퇴화하지 않았다.

후각
코 주위에 난 털로 진동을 느끼며 콧속에 있는 야콥슨 기관으로 냄새를 구분한다.

서식지 : 호주

먹이
곤충, 벌레의 유충, 도마뱀 등

몸길이 : 15cm 체중 : 50g
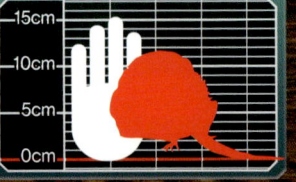

특징
사막에 살기에 지나간 통로가 터널 형태로 남지 않고 바로 무너져 버려 찾기 힘들다.

호주에서 유일하게 흙에서 평생을 보내는 포유류. 반사막 지대에서 서식한다. 두더지와 전혀 다른 동물로 캥거루와 같은 유대류다. 단독 생활을 하며, 비 온 후에 땅 위에 올라오기도 하는데 3줄의 자국을 남긴다. 발견된 예가 거의 없어서 생태는 여전히 수수께끼로 남아 있다.

별코두더지
코가 별처럼 생긴 두더지

포유류

학명 : *Condylura cristata*

흉포성	진화도	미스터리
희귀성	변신력	

이 점이 굉장하다! 퇴화한 눈 대신에 코를 손가락 끝처럼 써서 정보를 알아낸다.

아이머 기관
코끝에서 뻗어 나온 촉수에는 아이머 기관이라 불리는 센서가 있어 먹잇감인지 아닌지를 바로 판단할 수 있다.

매끈매끈한 털
포유류 중에서 가장 매끈매끈하며 아름답다. 털에 흙이 잘 묻질 않는다.

발톱
흙을 파는 데 최적화된 삽처럼 생긴 발을 지녔다. 두더지는 이 발로 헤엄도 잘 친다.

저절로 웃음이 난다! 괴상한 생물

서식지 : 북미

몸길이 : 10cm **체중** : 60g

먹이 : 지렁이, 곤충

특징 : 특수한 코 덕분에 다른 두더지보다 지상 위로 더 자주 나온다. 헤엄도 잘 쳐서 물가에 사는 지렁이를 잡아먹는다.

두더지 자체가 신기한 포유류지만, 그중에서도 특히 신기한 게 바로 별코두더지다. 습지에 살며 밤낮으로 활동한다. 여러 마리가 터널을 같이 쓰며 터널의 출입구는 종종 수면 밑에 열려 있다. 한배에 2~7마리의 새끼를 낳는다.

가장 괴상한 얼굴을 한 상어
홍살귀상어

어류

학명 : *Sphyrna lewini*

| 흉포성 | ■■■□ | 진화도 | ■□□□ | 미스터리 | ■■■■ |
| 희귀성 | ■■□□ | 변신력 | ■□□□ | | |

 이 잡이 광장하대!
드물게 사람을 잡아먹기도 한다.

번식
간혹 암컷만 번식하여 새끼를 낳는 단위 생식을 할 때가 있다. 난태생으로 한 번에 15마리 이상 출산한다.

전기 감지기
머리 앞에는 전기 감지기(로렌치니 기관)가 있어 생물이 발산하는 미약한 전기를 감지해 사냥한다.

서식지 : 전 세계 온대 바다

몸길이 : 3m
- 3.0m
- 2.0m
- 1.0m
- 0m

먹이
물고기, 오징어, 문어

🍴 먹는다면? 냄새가 좀 난다.

특징 신경질적이라 잠수사가 만들어 내는 물보라 소리를 싫어해 바로 도망친다.

날개처럼 생긴 머리에 눈과 콧구멍이 있는 상어다. 수심 200m 내외의 지역에서 서식하는데, 어린 새끼의 경우는 육지와 닿아 있는 연안에서만 서식한다. 성질이 포악하다. 상어치고는 드물게 거대한 무리를 이루는데 수백 마리가 몰려다니기도 한다. 현재는 무분별한 포획으로 수가 급감했다.

곤충

눈이 너무 멀리 떨어진 파리
대눈파리

별명 : Stalk-eyed flies 학명 : *Diopsidae family*

- 흉포성
- 진화도
- 미스터리
- 희귀성
- 변신력

이 점이 굉장하다! 눈이 더 멀리 떨어져 있을수록 인기가 많다.

눈
암수 모두 좌우로 돌출한 눈을 지녔다.

저절로 웃음이 난다! 괴상한 생물

빨다
입에서 위액을 분비해 녹인 다음 빨아먹는다.

촉각
앞다리 끝에 맛을 알 수 있는 센서가 있어 발로 만져 먹을 수 있는 건지 판단한다.

사진 : Drow_male

서식지 : 아프리카, 동남아시아 등의 열대 우림

먹이
부패한 동물이나 식물

몸길이 : 25mm

특징 암컷들은 수컷의 눈이 더 멀리 떨어져 있을수록 핸디캡이 있더라도 생존 능력이 더 강하다고 판단해 좋아한다고 한다.

아프리카와 동남아시아에 사는 파리의 일종이다. 축축한 곳에 있는 저지대 식물들 근처에서 발견되며 보통 파리보다 작다. 수컷끼리 암컷을 두고 싸울 때는 눈이 떨어진 정도를 서로 보여 줌으로써 비교적 평화적으로 승부를 결정한다.

곤충

진화의 수수께끼
네혹뿔매미 (일본명)

별명 : 브라질뿔매미   학명 : *Bocydium globulare*

의태 생물

| 흉포성 | ■□□□□ | 진화도 | ■■■□□ | 미스터리 | ■■■□□ |
| 희귀성 | ■■□□□ | 변신력 | ■■■□□ | | |

 이 점이 굉장하다! 이런 모습으로 진화한 이유를 알 수 없다.

! 혹
무슨 역할을 하는지 밝혀지지 않았다.

➡ 달리다
가로세로 원하는 방향으로 재빨리 달리거나 회전할 수 있다. 나는 일은 별로 없다.

● 빨다
매미처럼 입이 빨대 모양이다. 식물에 찔러 넣어 수액을 빨아먹는다.

서식지 : 남미 코스타리카의 열대 우림

먹이
잎이나 나무껍질에서 액을 빨아먹는다.

몸길이 : 5mm

특징
뿔매미 중에는 개미나 벌처럼 보이는 것과 가시처럼 생긴 것, 그리고 독이 있는 것을 강조하는 뿔매미도 있다.

뿔매미는 넓은 의미에서는 매미의 일종이다. 대부분이 2cm보다 작은 크기로 색이나 모양이 독특하다. 네혹뿔매미는 혹이 네 개나 달려 있는데, 이 혹들이 무슨 역할을 하는지에 대해서는 거의 밝혀진 바가 없다.

The World of Weird Creatures

에보시뿔매미(일본명)

식물에서 독을 뽑아 축적할 수 있고, 그것을 강조하는 흑백 문양이 있다.

저절로 웃음이 난다! 괴상한 생물

초승달뿔매미(일본명)

복잡한 모양이라 움직이지 않으면 살아 있는 생물로 보이지 않는다. 이들이 살아남을 수 있었던 퍼즐 같은 숲의 세계를 상상할 수 있다.

큰머리개미

머리가 아주 큰 거대 개미

학명 : *Pheidole barbata*

- 흉포성
- 진화도
- 미스터리
- 희귀성
- 변신력

이 점이 궁금하다! 머리는 크지만, 소심하다?

머리
몸길이의 반에 가까울 만큼 크다.

서식지 : 동아시아의 숲

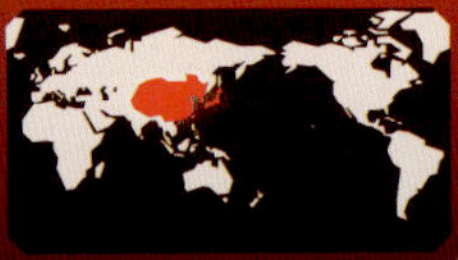

먹이
동식물의 사체, 과일 등

몸길이 : 4mm

특징
거대한 머리를 지닌 군대개미는 대군을 이루고 있다가 적이 공격하면 자기 개미집에 곧바로 숨어든다.

동아시아에 서식하는 개미다. 한 여왕개미가 크기가 다른 두 종류의 암컷 군대개미를 낳는다. 하나는 일반 개미와 비슷한 크기지만, 다른 하나는 머리가 몸길이의 반이나 되는 기괴한 모습을 하고 있으며 크기도 두 배나 된다.

곤충

꿀단지개미
자신의 배를 저장고로 삼는 개미

별명 : Honey pot ant 학명 : *Myrmecocystus sp*

흉포성	진화도	미스터리
희귀성	변신력	

이 점이 굉장하다! 동료를 위해 열심히 노력하는 저장고 개미

⚠️ **저장**
배에 지름 2cm까지 꿀을 모아 두는 게 가능하다.

➡️ **다리 힘**
꿀로 몸집이 커진 채 천장에 붙어 있어도 떨어지지 않을 만큼 다리 힘이 세다.

저절로 웃음이 난다! 괴상한 생물

서식지 : 호주 사막 지대

먹이
동물의 사체, 꽃의 꿀

🍴 **먹는다면?** 원주민들의 간식이었다.

몸길이 : 1cm

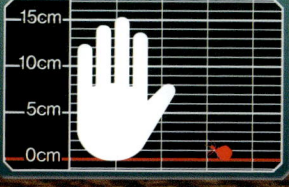

특징 일개미가 영양분이 필요할 때 몸속에 저장한 꿀을 토해 낸다.

호주에 서식하는 개미로 꽃의 꿀을 배가 찢어질 정도로 가득 담는다. 꽃이 적은 사막에 살기에 먹을 것이 없어지면 배에 있는 꿀을 동료에게 나눠 줄 수 있도록 진화했다. 단, 저장 능력이 있는 개미는 모두 암컷이다.

기린처럼 목이 긴 곤충
기린바구미

곤충

별명 : 기린목바구미   학명 : *Trachelophorus giraffa*

의태 생물

| 흉포성 | | 진화도 | | 미스터리 | |
| 희귀성 | | 변신력 | |

이 점이 굉장하다! 모양도 그렇지만 행동도 특이하다.

의태
붉은 날개와 긴 목을 지닌 이유는 석류 나무의 열매나 가지에 붙어도 비슷해 보이기 위해서이다.

긴 목
수컷의 목은 암컷보다 2~3배나 길다. 잎을 둥글게 말 때 긴 목은 일곱 번째 다리로 유용하게 쓰인다.

서식지 : 아프리카, 마다가스카르섬의 삼림

먹이
잎

몸길이 : 25mm

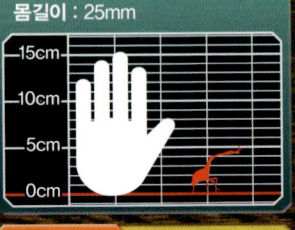

특징: 잎에 알을 낳고 둥글게 말아 요람을 만드는 행위는 적으로부터 유충을 보호하기 위해서다.

아프리카 마다가스카르섬에 서식하는 곤충으로 거위벌레와 바구미의 친척이다. 잎에 알을 낳은 뒤 예쁘게 접어 둥글게 말아 땅에 떨어뜨리면 알에서 부화한 애벌레는 말아 놓은 나뭇잎을 갉아먹고 자란다.

곤충

대벌레처럼 생긴 막대기 모양의 메뚜기
막대기메뚜기(일본명)

의태 생물

학명 : *Pseudoproscopia scabra*

- 흉포성 ▮
- 진화도 ▮▮
- 미스터리 ▮▮▮
- 희귀성 ▮▮▮
- 변신력 ▮▮▮

이 점이 굉장하다!
무기가 없는 평화주의자.

 잡히기 쉬운 다리
다리는 잡히기 쉬워, 적이 공격했을 때 끊고 도망친다.

 의태
나뭇가지와 똑같이 생겼다.

저절로 웃음이 난다! 괴상한 생물

서식지 : 남미의 열대 우림

먹이
잎

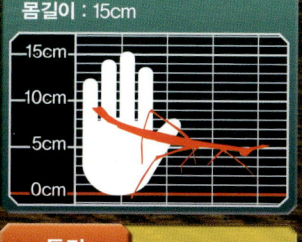

몸길이 : 15cm

특징
천적에게 발각되면 다리가 느린 데다가 날개가 퇴화하여 날지 못하기에 궁지에 몰린다.

남미 아마존에 서식하는 대형 메뚜기다. 대벌레처럼 나뭇가지로 의태하여 천적에게 몸을 숨기며 살아가고 있다. 나뭇가지를 먹는 동물의 숫자가 적기 때문에 나뭇가지의 모습이 되어 제 몸을 지키는 전술을 쓴 셈이다.

피노키오개구리

피노키오처럼 길쭉한 코를 가진 신종 개구리

양서류

학명 : 미정(청개구리과?)

흉포성
진화도
미스터리
희귀성
변신력

이 점이 굉장하다!
미지의 신종 개구리

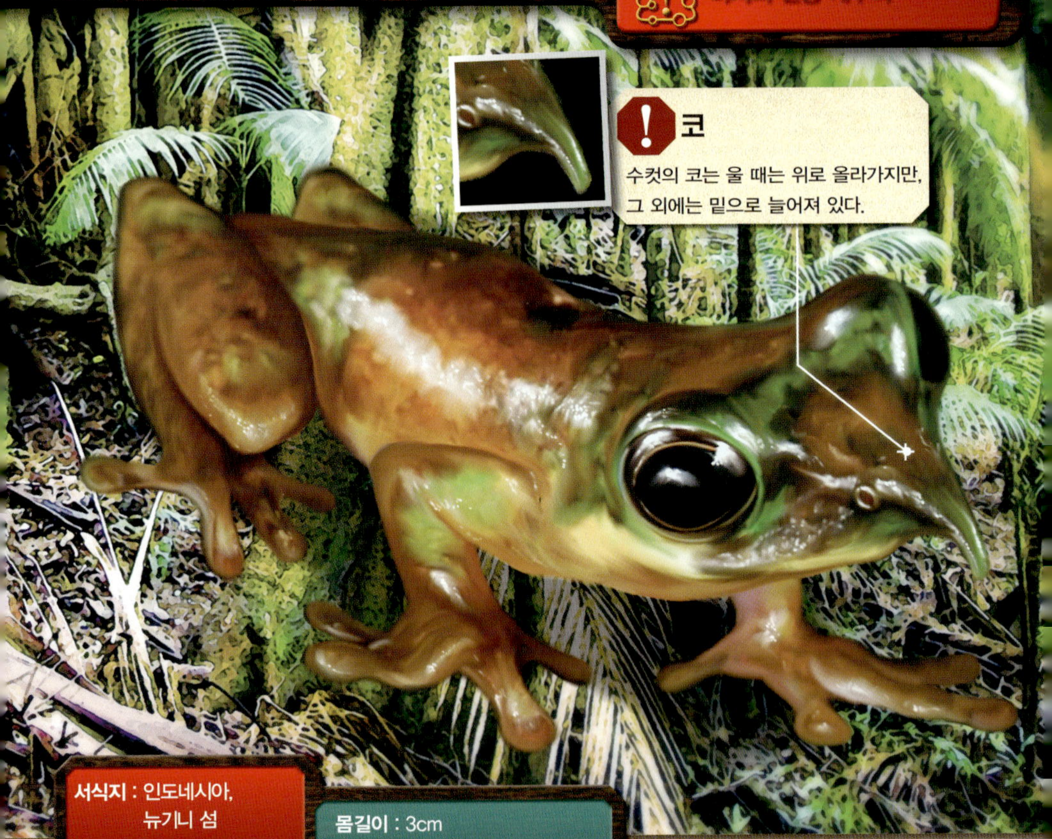

! **코**
수컷의 코는 울 때는 위로 올라가지만, 그 외에는 밑으로 늘어져 있다.

서식지 : 인도네시아, 뉴기니 섬

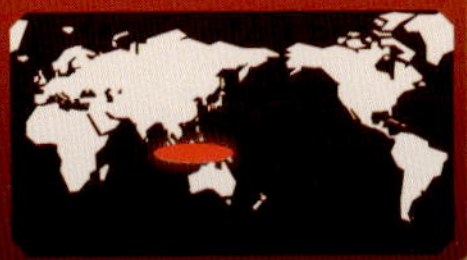

몸길이 : 3cm

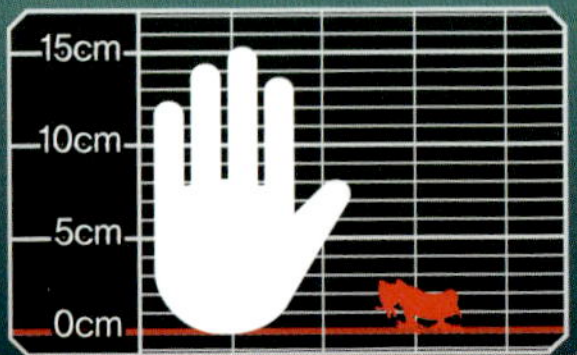

먹이
미스터리

특징 이 개구리처럼 21세기에 들어 새로 발견될 가능성이 높은 육지의 생물은 대부분 곤충이나 양서류다.

2008년, 인도네시아 뉴기니 섬에 있는 포자 산맥에서 우연히 발견했다. 마치 피노키오처럼 코가 길게 늘어져 있는 신기한 개구리다. 학명도 아직 붙지 않았고, 생태도 알려진 게 없다.

눈동자에 이상한 문양이 있는 개구리

유령유리개구리 (일본명)

의태 생물

양서류

별명 : Limon giant glass frog   학명 : *Centrolene ilex*

흉포성 ■ □ □ □   진화도 ■ ■ □ □   미스터리 ■ ■ ■ □
희귀성 ■ ■ ■ □   변신력 ■ ■ □ □   이 점이 굉장하다! **수수께끼의 무늬가 있는 신기한 눈**

투명
몸이 유리처럼 투명해 주위 배경에 몸을 숨기는 게 가능하다.

불가사의한 눈
빛 조절 능력이 뛰어난 눈동자를 지녔지만 왜 이런 문양이 있는지는 여전히 미스터리다.

저절로 웃음이 난다! 괴상한 생물

서식지 : 중남미(콜롬비아, 코스타리카, 니카라과)의 습지대

먹이 : 작은 곤충

몸길이 : 3cm

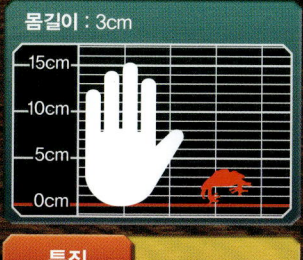

특징
시냇물 근처의 잎 위에서 수컷들끼리 싸움이 붙기도 한다.

2010년 남미 아마존에서 발견된 신기한 무늬가 있는 눈을 가진 미스터리한 개구리다. 청개구리와 비슷하지만, 배가 투명해서 내장이 다 보인다. 그 덕분에 주위 색이 그대로 비쳐 보여 천적에게 쉽게 발견되지 않는다.

57

무지개아가마

스파이더맨을 똑 닮은 도마뱀

파충류

학명 : *Agama agama*

흉포성	■
희귀성	■■
진화도	■■
변신력	■■■■
미스터리	■

이 점이 굉장하다! 스파이더맨처럼 재빠르다.

발톱
재빠르고 도약력도 있어서 수직 벽도 타고 오를 수 있다.

몸 색
번식할 시기가 되면 몸 색이 화려해진다. 아름다운 색을 한 수컷이 인기가 많다. 수컷끼리 싸울 때는 머리를 거칠게 옆으로 흔든다.

서식지 : 동아프리카(케냐, 탄자니아, 르완다)의 건조 지대

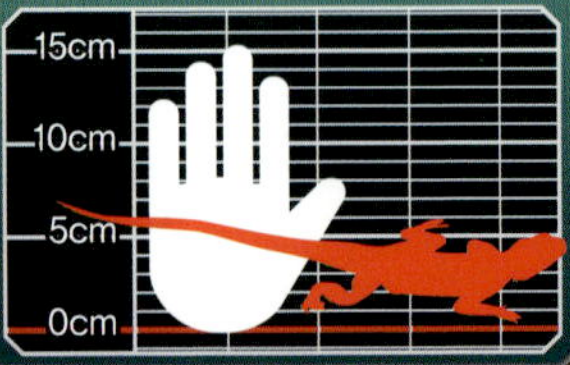

먹이 : 곤충, 유충

몸길이 : 20cm

특징 : 수컷은 암컷을 위해 구애의 춤을 춘다. 하지만 춤이라기보다 팔굽혀펴기 비슷한 동작으로 어필한다.

아프리카 동부 암석 지대 등지에서 서식하는 도마뱀이다. 수컷은 상반신이 붉고 하반신은 파란색이다. 암컷은 갈색이다. 다른 도마뱀 종과 달리 꼬리가 잘리면 다시 자라지 않는다. 사회적 동물로, 종종 10~20마리가 무리 지어 다닌다.

진화의 흐름을 알 수 있는 곤충의 조상!
발톱벌레

유조동물

별명 : Velvet Worm   학명 : *Peripatus novaezealandiae*

흉포성		진화도		미스터리	
희귀성		변신력			

이 점이 굉장하다 육식성으로 사냥감에 접착제를 뿌린다.

포식
재빨리 날아다니는 곤충을 잡을 때 끈적끈적한 접착제를 스프레이처럼 뿌려서 붙여 버린다.

갈고리발톱
사마귀 모양의 원시적인 발끝에 여러 개의 갈고리발톱이 달렸다.

저절로 웃음이 난다! 괴상한 생물

이빨
이빨이 강력하여 달팽이 껍질도 부수어 버릴 수 있다.

서식지 : 동남아시아, 호주, 남미의 열대 우림

먹이
곤충, 달팽이, 작은 동물

몸길이 : 10cm

특징 지렁이→
발톱벌레→지네→곤충처럼 절지동물의 진화를 상상할 수 있게 해 준 살아 있는 화석이다.

벌레라는 이름이 붙긴 했지만, 곤충이 아니다. 지렁이와 비슷한 원시적인 생물에 발이 생기면서 절지동물로 변하는 과정을 잘 알 수 있게 해 주는 유조동물이다. 먹이를 찾을 때 눈을 사용하지 않는다. 더듬이가 눈을 가리기 때문이다.

붉은입술부치

삼각형 머리를 지닌 해저를 걷는 물고기

어류

학명 : Ogcocephalus darwini

- 흉포성
- 진화도
- 미스터리
- 희귀성
- 변신력

이 점이 굉장하다! 가짜 먹이가 코털처럼 튀어나온다.

걷는다
가슴지느러미와 배지느러미를 다리처럼 사용해 해저를 걷는다.

가짜 먹이
아귀처럼 뾰족한 콧속에서 가짜 먹이를 내보낸다.

서식지 : 카리브해 주위의 얕은 바다

몸길이 : 30cm

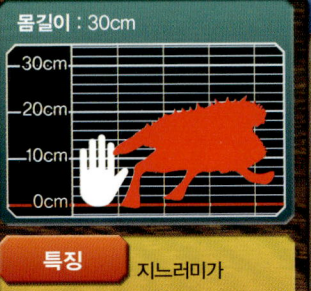

먹이
새우, 게, 갯지렁이

특징
지느러미가 진화하여 손발처럼 변하는 과정을 볼 수 있는 진귀한 물고기다.

아귀의 먼 친척뻘 생물로 해저를 걸어서 이동한다. 먹이인 작은 물고기를 유인하는 가짜 먹이는 퇴화하여 굉장히 자그마하다. 이런 모습 때문에 영어로는 Bat fish(박쥐 물고기)라고 부른다.

The World of Weird Creatures

사랑스러운 입술을 한 아저씨처럼 생긴 물고기다. 등에는 작은 가시가 돋아 있다.

코처럼 보이는 부분에서 가짜 먹이가 튀어나온다. 머리는 삼각형으로 크고 위아래로 납작하다.

저절로 웃음이 난다! 괴상한 생물

진기한 생물 사냥 도구

귀중한 동물이 어떤 생물인지 확인하려면 상처를 입히지 않고 포획해 조사해야 한다. 이를 위한 특수한 도구와 방법을 알아보자.

육상 생물 포획 아이템

동물의 습성에 맞춰 그물을 쳐서 생포한다.

라이트 트랩(커튼 치기)

밤중에 곤충이 빛을 보고 모이는 습성을 이용하여 새하얀 천을 야외에 건 뒤, 그 천에 형광등을 비춘 뒤 기다렸다가 곤충들이 모이면 목표로 했던 곤충을 채집할 수 있다.

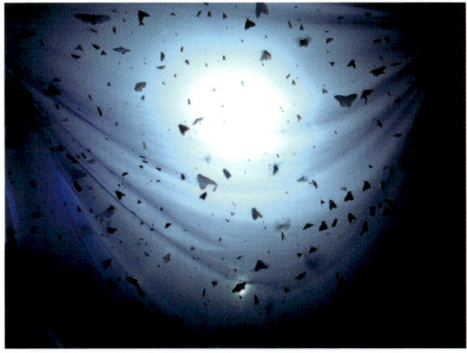

빛을 보고 날아온 곤충들이 모이고 있다.

내장 배터리라 발광기가 없어도 사용할 수 있는 HID 라이트. 50W(5,200루멘)로 약 1시간 30분, 30W(2,700루멘)로 약 2시간 20분 동안 점등할 수 있다.
사진 제공: 灯火総研

흡충관

너무 작아서 손으로 잡기 힘든 곤충은 청소기처럼 기구의 입구로 빨아들여 채집한다.

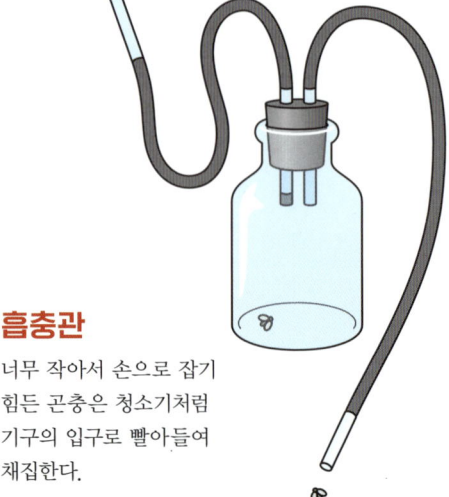

육상 생물

핏폴 트랩 (Pitfall trap)

작은 함정(추락 병)을 만들어 채집하는 방법. 단맛이 나는 당밀이나 썩은 고기, 번데기 가루 등으로 유인해서 불러 모은다. 비를 막기 위해 지붕을 씌운다.

사진: Mnolf

통덫

먹이로 유인한 뒤 자동으로 문을 닫아 가두는 덫이다. 쥐부터 곰까지 동물의 습성과 크기에 따른 다양한 통덫이 있다.

사진 제공: Sakae Industry

통덫에 족제비가 들어가 있다.

트랩

동물이 다니는 길에 설치하면, 동물이 밟았을 때 발을 꽉 잡아 도망치지 못한다. 주로 해로운 짐승을 제거하는 목적으로 사용한다.

왼쪽: 열려 있을 때   사진 제공: Sakae Industry

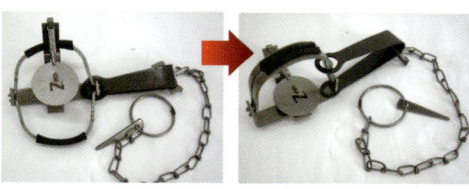

치료 아이템

만에 하나 독충에 물렸다면!

포이즌 리무버

입구가 넓은 주사기처럼 생겼는데, 물린 상처에서 독을 빼낼 수 있다. 야외 조사를 나갔다가 벌이나 뱀에게 물렸을 때 응급 처치를 하기 위해 휴대한다.

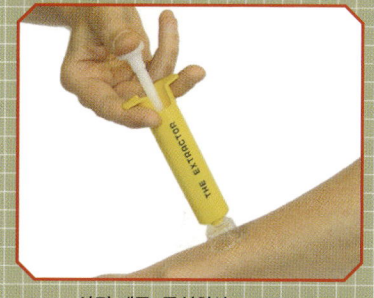

사진 제공: 주식회사 Iizuka Company

올무

동물이 항상 다니는 길에 설치하여 덫이 있는 곳을 지나가면 철사가 발을 휘감아 도망치지 못하게 한다.

사진 제공: Sakae Industry

진기한 생물 사냥 도구

수중 생물 포획 아이템

육지 생물과 다른 점은 생물의 습성을 이해하지 못하면 절대 잡을 수 없다는 것이다. 게다가 포획한 뒤 옮기는 것도 까다롭다.

활어 운송차

귀중한 연구용 물고기를 수족관이나 연구소로 운반하는 차. 물을 맑게 해 주는 여과 장치나 온도 및 산소를 조절해 주는 장치 등이 설치되어 있다.

돌고래, 상어 운송용 들것

돌고래를 건강 진단 및 치료를 하거나 수족관으로 이송할 때에 사용하는 전용 들것. 지느러미가 나오는 구멍이 있으며 피부가 마르지 않도록 관리하기 쉽게 되어 있다.

사진 제공 : 나고야항수족관

도롱뇽 & 뱀장어 트랩

좁은 장소를 좋아하는 습성과 강의 흐름을 이용한 포획기. 틈새로 물만 빠져나가기에 생물을 잡을 수 있다. 트랩에 한번 들어가면 나오지 못하도록 안쪽으로 장치가 되어 있다.

왼쪽 : 뱀장어용 '통발'. 크기가 다양하다.
오른쪽 : 도롱뇽을 잡기 위한 약 1.2m 크기의 '통발'

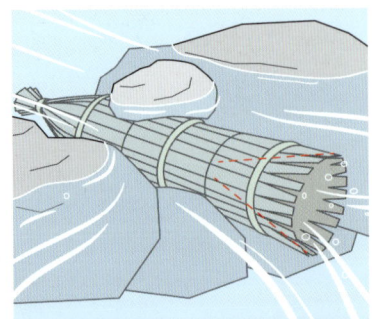

'통발'을 사용한 하코네 도롱뇽 포획법

사진 제공 : 후지쿠라 상점

수중 생물

거북용 트랩

물가에서 햇볕을 쬐는 것을 좋아하는 거북의 습성을 이용한 덫. 일광욕할 장소를 만든 뒤, 놀라면 그물 쪽으로 뛰어드는 습성을 이용해서 포획한다.

게망

죽은 물고기 등을 바구니에 넣어서 담가 두면, 먹이를 먹으러 바구니 안으로 들어온다. 입구는 다시 빠져나가기 힘든 구조다.

우카이

일본의 전통적인 어법으로, 물새인 가마우지에게 덫을 부착한 뒤 물고기를 잡도록 훈련시킨다. 가마우지가 먹은 것을 토해 내면 살아 있는 상태의 물고기를 얻을 수 있다.

문어 항아리

문어가 구멍에 들어가는 습성을 이용해서 항아리를 파묻어 두었다가 나중에 다시 끌어올리면 항아리 안에 들어간 문어를 산 채로 잡을 수 있다.

사진 제공 : 헤이군 어협 청장년부

진기한 생물 사냥 도구

하늘의 생물

하늘의 생물 포획 아이템

하늘을 나는 생물을 생포하기는 굉장히 어렵다.
몇 가지 방법을 알아보자.

그물 덫

밭이나 초원 같은 넓은 장소에서 새를 포획하는 데 사용하는 그물이다. 고삐에 해당하는 줄을 끌어당겨 커다란 그물로 야생 조류를 생포한다.

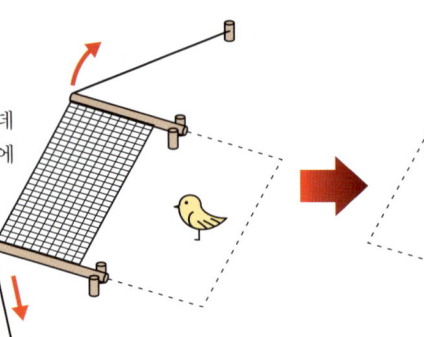

투망

일정하게 정해진 철새의 비행 루트로 그물을 던져 포획하는 방법이다.

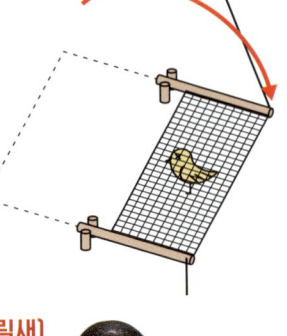

디코이 (후림새)

경계심이 강한 물새와 똑같이 생긴 인형을 놓아두면 새는 동료가 있는 안전한 장소라고 생각해서 날아온다.

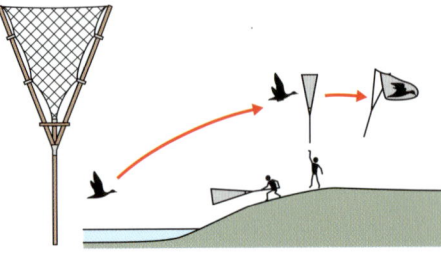

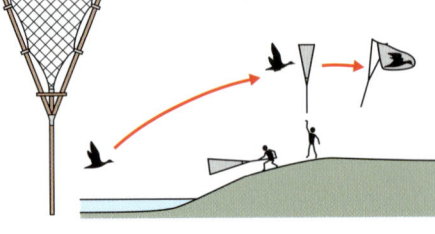

박쥐 수렵 덫 하프 트랩

악기인 하프처럼 사각형 프레임 안에 끈이 세로로 늘어서 있어서 날아오던 박쥐가 이 끈에 부딪히면 아래에 있는 주머니에 떨어지도록 만든 포획용 트랩이다.

포획한 박쥐

사진 제공: GISupply

 주의 야생 동물을 포획하고 덫을 사용할 때는 수렵 면허와 각 지자체의 허가가 필요한 경우가 많으므로 반드시 확인한 다음에 해야 한다.

3장

깜짝 놀라다!
비밀 병기를 가진 생물

파충류

눈에서 피를 뿜어내 공격한다

사막뿔도마뱀

학명 : *Phrynosoma platyrhinos*

- 흉포성
- 진화도
- 미스터리
- 희귀성
- 변신력

이 점이 굉장하다! 개미를 주식으로 삼는 온화한 성격의 도마뱀

혈액
피는 눈 바로 옆에 있는 분사구에서 나오는 것일 뿐, 눈에는 아무 문제가 없다.

혀
혀를 카멜레온처럼 길게 내밀어 개미를 연달아서 삼킬 수 있다.

서식지 : 북미 서부 사막

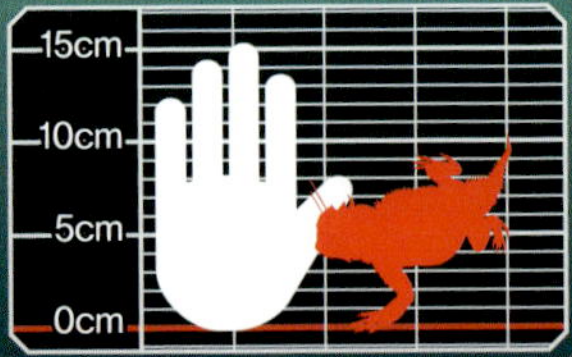

먹이 : 개미

몸길이 : 10cm

특징 겁이 많은 도마뱀으로 쉽사리 필살기를 쓰지 않는다. 최후의 순간에야 내놓는 카드다.

사막에 살고 머리 뒤쪽에 뿔이 있어서 '사막뿔도마뱀'이란 이름이 붙었다. 천적을 만나면 눈에서 피를 물총처럼 뿜어내 적의 얼굴에 뿌려 버린다. 약 1m 거리의 적에게 발사할 수 있다. 위험이 닥치면 몸 색깔을 바꾸어 상대를 속이거나 모래 속으로 숨는다.

The World of Weird Creatures

눈에서 발사하는 피에는 개미에게서 얻은 특수 성분이 있는데 늑대 같은 천적이 싫어한다.

깜짝 놀라다! 비밀 병기를 가진 생물

천적과 마주치면 우선은 도망치지만, 그래도 안 되면 몸을 부풀리고 큰 소리로 울부짖으며 물거나 공격을 퍼부어 댄다. 이 도마뱀이 내놓는 마지막 수단이 바로 피 뿌리기다.

양서류
하늘을 나는 개구리!
월리스날개구리

학명 : *Rhacophorus nigropalmatus*

- 흉포성 ▮▮▯▯▯
- 진화도 ▮▮▮▯▯
- 미스터리 ▮▮▯▯▯
- 희귀성 ▮▮▮▯▯
- 변신력 ▮▮▮▯▯

이 점이 굉장하다! 하늘을 활공하는 개구리 중에서 가장 몸집이 크다.

활공
긴 발가락 사이에 있는 거대한 물갈퀴는 헤엄칠 때가 아닌, 높은 나무에서 점프해서 활공할 때 사용한다.

발가락의 빨판
발가락 끝의 빨판도 강력한데, 활공하다가 착륙 지점인 나무에 착 달라붙을 수 있다.

서식지 : 동남아시아(말레이반도, 보르네오섬 등)의 열대 우림

먹이
곤충 등

몸길이 : 10cm

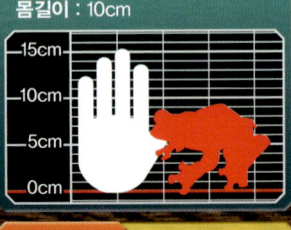

특징 19세기에 활동한 진화학자인 월리스가 발견한 것을 기념하여 이런 이름이 붙었다.

평소엔 높은 나무 위(수관)에 있지만, 번식기가 되면 내려와 물웅덩이에 있는 잎 위에 거품 집을 만든 뒤 알을 낳는다. 물갈퀴 덕분에 평균 15m를 활공할 수 있다. 수컷은 암컷의 반 정도 크기로 생태는 상세히 밝혀지지 않았다.

파라다이스날뱀

하늘을 나는 독사!

파충류

학명: *Chrysopelea paradisi*

유독 생물

- 흉포성: ■
- 진화도: ■■■
- 미스터리: ■■■
- 희귀성: ■■
- 변신력: ■■

이 점이 굉장하다! 하늘에서 독사가 날아오는 공포!

깜짝 놀라다! 비밀 병기를 가진 생물

활공
날 때는 배의 늑골을 넓힌 뒤 둥근 몸을 평평한 모양으로 변형시켜 꿈틀꿈틀 움직인다.

독
도마뱀을 죽일 정도의 약한 독을 지니고 있다.

서식지: 동남아시아(태국, 인도네시아 등) 열대 우림

몸길이: 1.2m

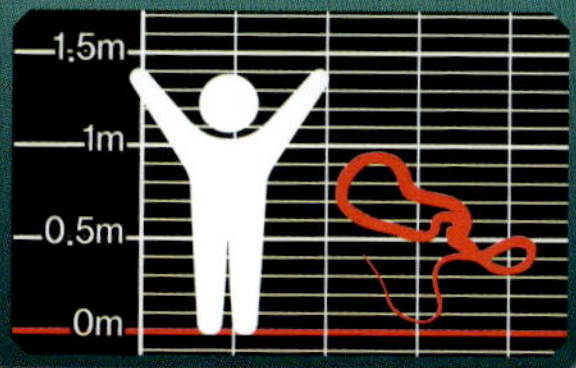

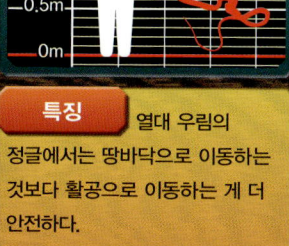

먹이: 나무 위에 사는 도마뱀붙이와 개구리

특징: 열대 우림의 정글에서는 땅바닥으로 이동하는 것보다 활공으로 이동하는 게 더 안전하다.

정글에서 나무 사이를 이동하며 산다. 재빨리 이동을 해야 할 때는 높은 가지에서 아래로 몸을 던진다. 이때 몸을 납작하게 만들고 마치 헤엄을 치듯 몸을 좌우로 굽이치는데 한 번에 수평 거리 100m 이상 활공할 수 있다.

하늘을 나는 오징어!
남방살오징어

연체동물

별명 : Flying squid 학명 : *Sthenoteuthis oualaniensis*

흉포성		진화도		미스터리	
희귀성		변신력			

 이 점이 평장하다!
50m나 활공하는 경이로운 오징어

활공
등 가운데 있는 먹물이나 배설물 등을 내보내는 깔때기에서 물을 빨아들여 제트 분사하여 수면 위로 떠오른다. 초속 10m 이상의 스피드다.

 막과 지느러미
다리의 막을 날개처럼 넓게 펼쳐서 난다. 앞에 있는 지느러미를 날개처럼 펼치면 양력(뜨는 힘)이 생긴다. 날갯짓하지는 않는다.

서식지 : 인도양~태평양의 온난한 바다

몸길이 : 40cm

먹이
물고기, 새우, 게

먹는다면? 살오징어와 비슷한 맛.

특징
남방살오징어 외에 살오징어도 바다 위로 긴 거리를 날 수 있다. 단, 20cm 정도 되는 어린 오징어만이 날 수 있다.

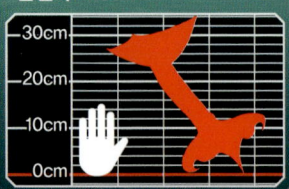

놀랍게도 바다에서 미사일처럼 튀어나와 수면 위로 최대 50m 정도 글라이더처럼 활공한다. 100마리 정도가 무리를 지어 비행하는 모습이 종종 발견된다. 바닷속 천적에게서 순간적으로 몸을 숨기기 위한 행동이다.

The World of Weird Creatures

남방살오징어, 빨강오징어, 살오징어 등이 하늘을 날 수 있다.

깜짝 놀라다! 비밀 병기를 가진 생물

기세 좋게 수면에서 날아올라 지느러미를 넓게 편 뒤 글라이더처럼 활공한다.

사진 제공 : 홋카이도대학
촬영 : 무라마쓰 고타

73

포유류

하늘을 나는 의문의 원숭이

순다날원숭이

별명 : 박쥐원숭이　학명 : *Galeopterus variegatus*

의태 생물

| 흉포성 | ■ | 진화도 | ■■ | 미스터리 | ■■■ |
| 희귀성 | ■■ | 변신력 | ■■ | | |

이 점이 굉장하다! 자세한 생태는 아직 알려지지 않은 미지의 포유류

발톱
발톱을 이용해 재빠르게 나무를 탄다.

의태
낮에는 몸을 둥글게 말아 아래로 매달린 뒤, 거대한 나무 열매처럼 보이는 모습으로 쉰다.

활공
몸 옆에 있는 막을 이용해 활공한다. 발가락 사이에도 물갈퀴처럼 생긴 막이 있어 양력(뜨는 힘)을 만들 수 있다.

서식지 : 인도차이나반도, 말레이 제도의 열대 우림

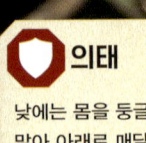

먹이
나뭇잎과 꽃

🍴 **먹는다면?** 현지에서는 식재료로 사용 중이다.

몸길이 : 35cm　체중 : 1.5kg

특징 수명이나 사회 구성, 번식 등 상세한 정보는 알려지지 않았다. 어미는 새끼를 안고 활공할 수 있다.

날원숭이목에 속하는, 날다람쥐처럼 하늘을 나는 진귀한 동물이다. 하지만 비행할 때 쓰는 막은 날다람쥐와는 다른 위치에 있다. 원숭이에 속하지는 않으나 영장류와 나무타기쥐의 친척이다. 수평 거리 130m 이상 활공할 수 있다.

물고기를 전문적으로 사냥하는 박쥐!

불독박쥐

포유류

별명 : 낚시꾼박쥐 학명 : *Noctilio leporinus*

- 흉포성 ■■
- 진화도 ■■
- 미스터리 ■■
- 희귀성 ■■■
- 변신력 ■

이 점이 굉장하다! 물고기를 사냥하려고 비밀 병기를 갖췄다.

🎯 청력
레이더를 대신한 입에서 나오는 초음파를 귀로 탐지해 물고기가 내는 물의 진동을 정확히 파악한다.

🛡 털
물을 튕겨 내는 특수한 털을 지녔다.

✊ 발톱
긴 뒷발에는 낚싯바늘처럼 날카로운 발톱이 있어 수면 가까이 있던 물고기가 뛰어오르면 바로 낚아 올린다.

깜짝 놀라다! 비밀 병기를 가진 생물

서식지 : 중남미 열대 우림, 바다와 강 등

먹이
8cm 이하의 물고기, 곤충 등

몸길이 : 12cm

특징 하루 30마리의 물고기를 먹지만 물고기가 잡히지 않는 장소에서는 곤충도 먹는다.

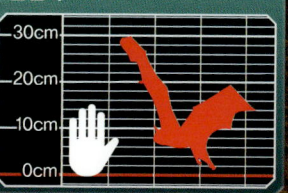

초음파로 물고기를 찾아 뒷발에 있는 날카로운 발톱으로 걸어 사냥한다. 잡은 물고기는 입속에 있는 볼주머니에 담은 뒤 날면서 먹거나 집에서 먹는다. 8cm 이상의 물고기는 무거워서 잡지 못한다.

맹독인 복어 독을 지닌 도마뱀붙이

캘리포니아영원

파충류

유독 생물

학명 : *Taricha torosa*

- 흉포성
- 희귀성
- 진화도
- 변신력
- 미스터리

이 점이 굉장하다! 등에서 맹독을 분비한다.

독
등에 난 돌기에서 맹독인 테트로도톡신이 분비된다.

경고
등은 어두운 색이라 눈에 잘 띄지 않는데, 배는 독이 있음을 강조하는 화려한 주황색의 경고색을 가졌다.

서식지 : 미국 캘리포니아 주의 숲

몸길이 : 15cm

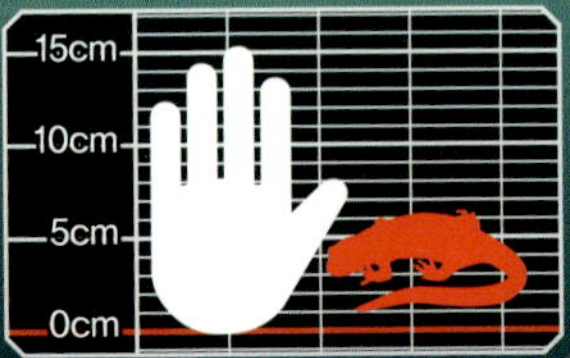

먹이
곤충, 게, 조개, 민달팽이

특징
독은 알과 어린 개체에게도 있으며 더욱이 수컷은 암컷보다 세 배나 더 강한 독을 지녔다.

북미 캘리포니아에 사는 도마뱀붙이. 성격은 얌전하지만, 포식자에게 몸을 지키려고 도마뱀붙이 중에서는 최강의 독(테트로도톡신)을 등에서 분비한다. 잘못해서 먹으면 사망한다.

키로넥스 플렉케리

세계 최강의 살인 해파리

자포동물 / **유독 생물**

별명: Sea wasp 학명: *Chironex fleckeri*

- 흉포성
- 진화도
- 미스터리
- 희귀성
- 변신력

이 점이 굉장하다! 지구 최강의 독 생물 중 하나

깜짝 놀라다! 비밀 병기를 가진 생물

시력
우산 모양의 머리에 24개의 눈이 있어 여러 개의 눈으로 사냥감을 찾아낸다.

독
맹독이 있는 촉수가 최대 4.5m까지 자라고 15개가 있다.

헤엄
초속 1.5m로 헤엄칠 정도로 빠르다.

서식지: 호주 북서부 바다

먹이: 물고기, 새우

머리 길이: 50cm **촉수**: 4.5m

특징: 천적은 바다거북으로 면역력이 있어 독이 듣질 않는다.

1955년에 처음 발견된 호주 북서부 바다에 사는 해파리다. 15개의 긴 촉수를 건드리면 신경독, 용혈독, 피부 괴사독 등이 나와 물고기는 물론이고 사람까지 죽음에 이르게 한다. 사람이 만지면 1~10분 이내에 죽는다. 아직까지 풀리지 않은 수수께끼가 많다.

멸종했다가 다시 발견한 독을 지닌 포유류

솔레노돈

포유류

유독 생물

학명 : *Solenodon cubanus*

- 흉포성
- 진화도
- 미스터리
- 희귀성
- 변신력

이 점이 굉장하다! 사람이 들여 온 생물 탓에 멸종 직전이다.

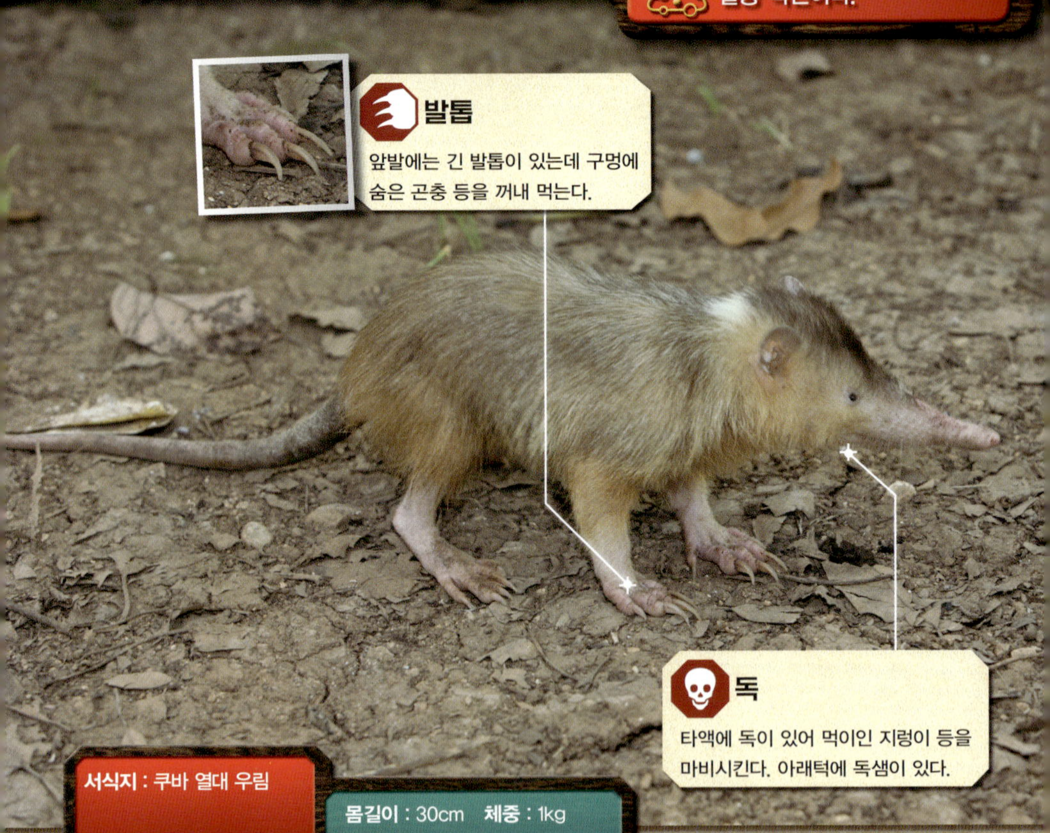

발톱
앞발에는 긴 발톱이 있는데 구멍에 숨은 곤충 등을 꺼내 먹는다.

독
타액에 독이 있어 먹이인 지렁이 등을 마비시킨다. 아래턱에 독샘이 있다.

서식지 : 쿠바 열대 우림

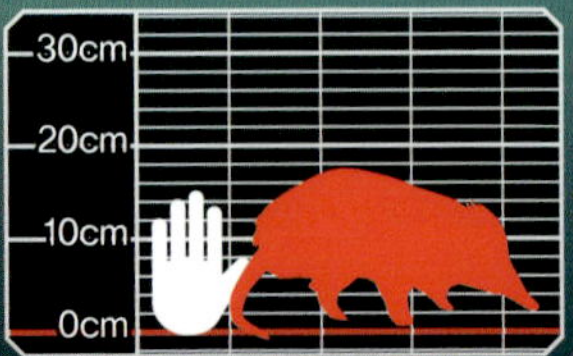

먹이 : 곤충, 지렁이, 동물의 사체

몸길이 : 30cm **체중** : 1kg

특징 : 인간이 들여온 개, 고양이, 몽구스 등에 의해 멸종한 것으로 알려졌으나, 1970년대에 다시 발견되었다.

쿠바에 사는 두더지의 일종으로 6,500만 년 전부터 변화가 거의 없는 골격을 지닌 살아 있는 화석이다. 땅에서 살지만, 낮에는 땅속에서 잠을 자는 야행성 동물이다. 성질이 난폭하고 포유류 중에서는 드물게 타액에 독이 있다. 번식력이 낮고, 멸종 위기종이다.

비늘을 지닌 포유류
귀천산갑

포유류

학명 : *Manis pentadactyla*

| 흉포성 | ■■□□□ | 진화도 | ■■■□□ | 미스터리 | ■■■■□ |
| 희귀성 | ■■■■□ | 변신력 | ■■□□□ | | |

이 점이 굉장하다!
이빨이 없는 포유류로 주식은 개미다.

비늘
비늘은 털이 변한 것이다. 끝이 칼날처럼 날카로워 꼬리 끝을 반격 무기로 쓴다.

깜짝 놀라다! 비밀 병기를 가진 생물

긴 혀
앞발에 있는 큰 발톱으로 개미집을 부순 뒤 접착력이 있는 긴 혀로 개미를 핥아먹는다.

서식지 : 인도~동남아시아의 숲

몸길이 : 60cm   **체중 :** 5kg

먹이 : 개미, 흰개미

특징 : 귀천산갑이 속한 유린목은 성격이 온화하다. 볶은 비늘이 한약재로 쓰여 남획으로 수가 급감했다.

아시아에서 서식하는 미스터리한 포유류다. 털이 곤충이나 물고기 비늘처럼 변해 온몸을 덮고 있다. 새끼일 때에는 부드럽지만 성장하면서 딱딱해지는 이 비늘은 사람의 머리카락처럼 계속 자란다. 천적이 공격하면 몸을 둥글게 말아 방어할 수 있다.

포유류

신기하게도 나무늘보의 친척
여섯띠아르마딜로

별명 : Yellow armadillo 학명 : *Euphractus sexcinctus*

| 흉포성 | ■■ | 진화도 | ■■ | 미스터리 | ■■■ |
| 희귀성 | ■■■ | 변신력 | ■■■ | | |

이 점이 굉장해! 방어가 전문인 온순한 동물

비늘
털이 변한 비늘 모양의 단단한 판들이 온몸을 덮고 있다.

감각털
몸에 난 다수의 감각털로 지나갈 공간의 폭 등을 파악한다.

발톱
앞발에는 길고 날카로운 발톱이 있어서 굴을 능숙하게 팔 수 있다.

서식지 : 남미(볼리비아, 브라질 등)의 열대 우림에서 초원까지

몸길이 : 45cm **체중** : 5kg

먹이
지렁이, 곤충, 식물
먹는다면? 식육 외에도 악기인 차랑고의 재료로도 쓰인다.

특징 수면 시간이 긴 동물로, 둥지에서 하루에 18시간 정도 잔다.

아르마딜로는 나무늘보와 개미핥기의 친척으로 남미에 서식한다. 대개 혼자서 생활하며 열매에서부터 동물류, 썩은 고기까지 다양한 먹이를 먹는다. 천적이 공격하면 몸을 공처럼 둥글게 말아 보호한다. 육식 동물의 이빨도 이 비늘을 뚫진 못한다.

네발가락고슴도치

바늘을 가진 두더지?

포유류

학명 : *Atelerix albiventris*

- 흉포성
- 진화도
- 미스터리
- 희귀성
- 변신력

이 점이 굉장하다! 오리너구리, 캥거루를 잇는 살아 있는 화석

대화
울지는 않지만, 부모 자식 사이에서는 사람에게 들리지 않는 소리(40~90kHz)로 대화한다.

바늘
털이 바뀌어 바늘이 되었다. 플라스틱처럼 딱딱하다.

깜짝 놀라다! 비밀 병기를 가진 생물

안팅(anting)
모르는 것을 만지거나 물면서 침과 섞은 뒤 자기 가시에 묻히는 행동은 냄새를 통해 사물을 기억하는 고슴도치의 습성이다.

서식지 : 아프리카 중부

몸길이 : 18cm 체중 : 350g

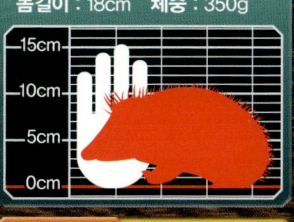

먹이
지렁이, 곤충, 작은 동물

특징
암컷이 수컷을 결혼 상대로 받아들이면 등의 가시를 세운다. 새끼는 가시가 없이 태어난다.

털이 변한 약 7,000개의 바늘이 등에 나 있으며 적이 공격하면 몸을 둥글게 말아 바늘을 세워 먹을 수 없는 상태로 변신한다. 주로 혼자서 생활하며 야행성이다. 시력보다는 후각과 청각에 의존해 먹잇감을 사냥한다.

멋쟁이 헤어스타일을 한 환상 속 심해어
벤텐어

어류 | 심해 생물

학명 : *Bentenia aesticola*

- 흉포성
- 희귀성
- 진화도
- 변신력
- 미스터리

이 점이 굉장하다! 지느러미를 어떻게 사용하는지가 미스터리

납작하다
몸은 마치 눌린 것처럼 납작하면서 얇다. 헤엄칠 때는 지느러미를 접는다.

지느러미
눈 바로 위부터 등지느러미가 있으며 꼬리지느러미도 턱밑에 있다. 지느러미를 펼치면 제 몸길이보다 훨씬 크다.

서식지 : 북태평양의 온난한 심해

몸길이 : 50cm

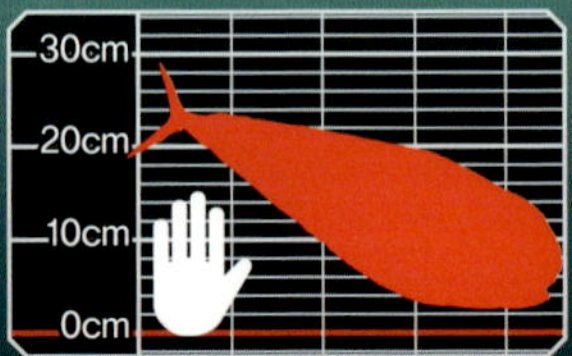

먹이 : 불명

특징 : 낚시로 잡히는 게 아니라 참치 뱃속에서 가끔 발견된다. 2000년 이후 일본에서는 한 번밖에 잡지 못했다.

북태평양의 온난한 깊은 바다에 서식하지만 살아 있는 상태로 잡힌 적이 없어서 아직 알려진 정보가 거의 없다. 접혀 있던 지느러미를 넓게 펼쳐 천적을 위협한다고 추측하고 있다. 한국(포항)·일본에 분포하는 희귀한 심해성 어류이다.

사람의 때를 먹는 물고기
가라루파

어류

별명 : 닥터피시　학명 : *Garra rufa*

| 흉포성 | ■ | 진화도 | ■■ | 미스터리 | ■■ |
| 희귀성 | ■ | 변신력 | ■■ | | |

이 점이 굉장해! 수질과 온도 변화에 강한 담수어

빨판
원래 수초를 먹는 초식성이다. 빨판처럼 생긴 입으로 먹이를 먹는다. 이빨이 없어서 상처를 내지 않는다.

깜짝 놀라다! 비밀 병기를 가진 생물

촉각
잉엇과의 특징으로 입에 감각 기관인 수염이 있다.

서식지 : 중동의 하천

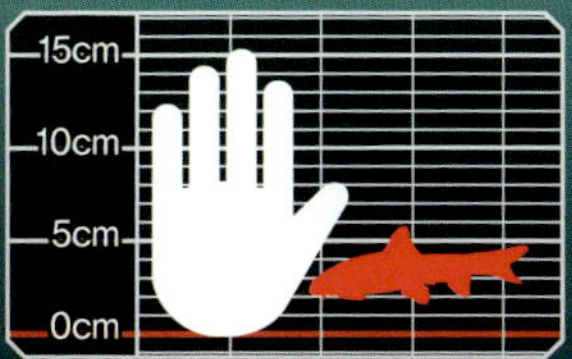

먹이
수초, 미생물, 곤충의 유충

몸길이 : 10cm

특징
온천에는 먹이가 부족해서 인간의 각질 등을 먹는다.

중동에 사는 잉엇과의 담수다. 고온을 잘 버텨서 온천에서도 죽지 않는다. 사람의 발에 있는 오래된 각질 등을 먹는 특징이 있어 닥터피시(물고기 의사)로 불린다. 사람의 각질을 먹는 건 3~6개월 된 유어이다.

보라문어

망토를 펄럭이는 바다의 유령?

연체동물

별명 : Violet blanket octopus   학명 : *Tremoctopus violaceus*

유독 생물

- 흉포성
- 희귀성
- 진화도
- 변신력
- 미스터리

이 점이 굉장하다! 거대한 막의 역할은 수수께끼

독
어릴 때 맹독을 지닌 작은부레관해파리를 잡아먹고, 해파리가 먹이를 잡는 데 쓰는 자포를 무기로 삼는다.

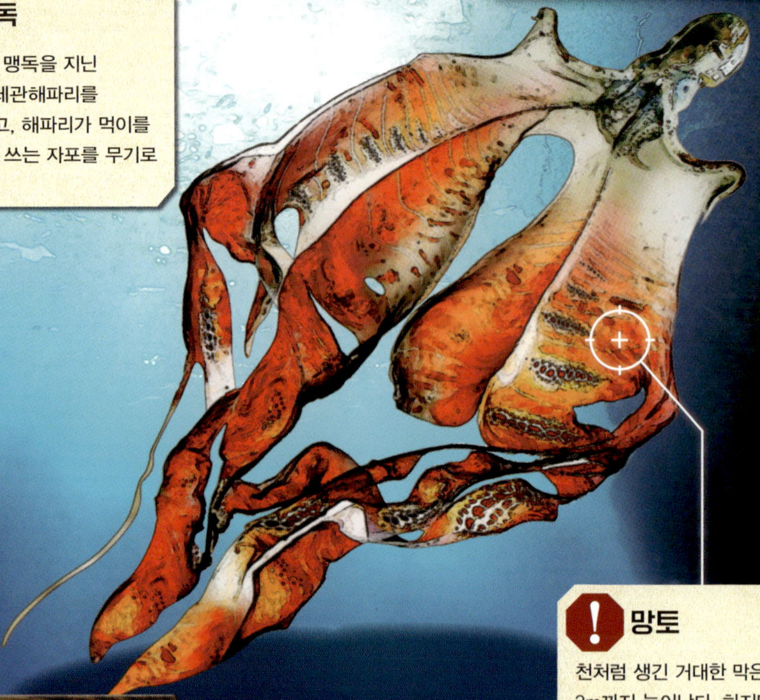

망토
천처럼 생긴 거대한 막은 최대 3m까지 늘어난다. 하지만 두께가 2mm밖에 되지 않아 쉽게 찢어진다.

서식지 : 태평양, 일본 근해

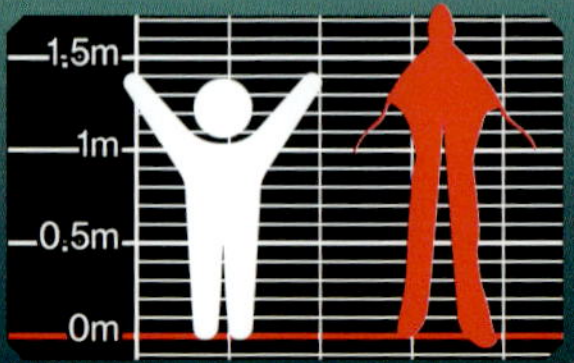

먹이 : 물고기, 새우

몸길이 : 70cm(암컷)

특징 : 부유성이라 파도를 타고 흘러가는 도중에 여러 물고기에게 막을 뜯긴다.

일본 근해에 사는 문어다. 암석 지대 등에 정착하지 않고 담요처럼 생긴 거대한 막을 펼치며 헤엄친다. 가끔 잡힐 때도 있는데, 생태는 알려진 게 많지 않다. 수컷은 3cm에 불과하고 막도 없는 평범한 문어 모습이다.

비늘발고둥

금속 비늘을 지닌 유일한 생물

연체동물

심해 생물

학명 : Crysomallon squamiferum

- 흉포성
- 희귀성
- 진화도
- 변신력
- 미스터리

이 점이 굉장하다! 철로 이루어진 심해의 미스터리한 고둥

! 에너지
산소가 부족한 심해에서 소화관 속 특수한 세균과 공생하여 에너지를 얻는다.

깜짝 놀라다! 비밀 병기를 가진 생물

금속 비늘
수 밀리미터 두께의 황화철로 된 어두운 색의 금속 비늘로 몸을 지킨다.

서식지 : 인도양 모리셔스 심해

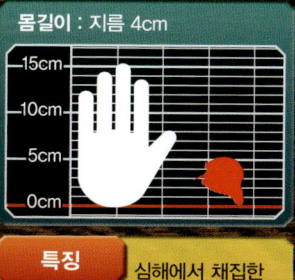

몸길이 : 지름 4cm

먹이 : 불명

특징 : 심해에서 채집한 뒤 사육했는데, 녹슬고 말았다. 사육도 어렵다.

인도양 2,500m 심해에 서식하는 고둥이다. 일반적인 고둥이 가진 뚜껑 부분이 없어서 껍데기에 몸을 숨기지 못하고 철로 된 비늘로 몸을 지킨다. 이 비늘은 자기를 지닌 자석이다.

채찍거미

거대한 가시 같은 다리로 사냥한다

절지동물

별명 : 꼬리 없는 전갈 학명 : *Amblypygi*

- 흉포성 ■■
- 진화도 ■
- 미스터리 ■■■
- 희귀성 ■■
- 변신력 ■

이 점이 굉장하다! 세계 3대 기괴한 곤충 중 하나

더듬이
첫 번째 다리는 굉장히 길고 가늘어 걸을 때 쓰지 않는다. 곤충의 더듬이 같은 감각 기관 역할을 한다.

턱
협각이라 불리는 거대한 턱 역시 강력하여 사냥감을 물어뜯을 수 있다.

발톱
몸은 납작한데 발톱은 강력해서 벽이나 천장도 잘 타고 오른다.

서식지 : 전 세계 열대 지역 중 습도가 높은 곳

먹이 : 곤충

몸길이 : 전신은 5cm, 다리 길이 포함 25cm

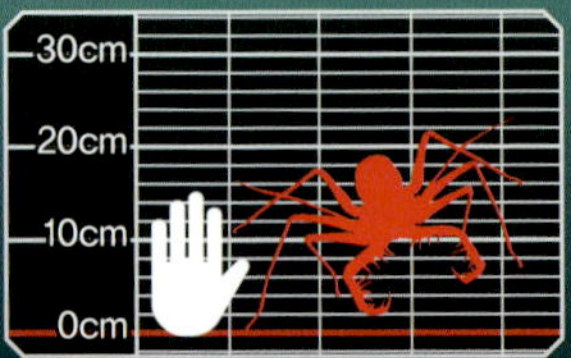

특징
어미는 새끼가 다 클 때까지 등에 업고 키우는 등 깊은 모성애를 지닌 곤충.

거미에 가까우며 기괴한 외양을 지닌 벌레다. 실은 뽑지 않으며 가시처럼 생긴 강력한 '팔다리'로 먹잇감을 끼워 넣어 잡는다. 채찍전갈, 낙타거미와 나란히 세계 3대 기괴한 곤충 중 하나로 뽑힌다. 서로 소통하는 사회적인 행동을 하는 종이다.

완보동물

웬만해서는 죽지 않는 최강 생물

미생물

별명 : 곰벌레, 물곰   학명 : *Hypsibius dujardini*

흉포성		진화도		미스터리	
희귀성		변신력			

이 점이 굉장하다! 우주 공간에서도 살 수 있다.

깜짝 놀라다! 비밀 병기를 가진 생물

방어
표면은 곤충이나 새우, 게처럼 단단한 각질로 되어 있으며 탈피를 한다.

발톱
발끝에 4~10개의 발톱이 있다.

극한을 견딘다
몸의 수분이 3%까지 줄어도 죽지 않는다. 영하 273도~영상 150도까지 버틴다. 진공 상태에서 75,000기압까지 견딘다. 사람에게 치사량인 방사선의 1,000배나 되는 방사선에도 죽지 않는다.

서식지 : 열대, 극지, 심해, 고산, 온천

몸길이 : 0.1~1mm

먹이
동식물의 체액?

특징
주위가 건조하면 신체를 수축해서 '나무통' 같은 모양이 되며, 신진대사를 거의 멈추고 수면에 들어간다.

곰벌레라고도 불리지만, 곤충과는 상관없는 1mm에 지나지 않은 미생물. 네 쌍의 다리로 천천히 걷는 모습이 곰과 비슷하다고 해서 이런 이름이 붙었다. 건조 지대와 우주 공간 등 어떠한 극한 환경에서도 죽지 않는다.

괴짜 생물 랭킹

신기한 동물 중에서 순위를 멋대로 정해 보았다!
조금은 색다른 시선으로 즐겨 보자!

괴상하게 생겼지만 귀여운 생물 랭킹

1 아홀로테	P177 참조
2 그림포테우티스	P140 참조
3 마타마타거북	P149 참조
4 아홀로틀	P109 참조
5 블로브피시	P94 참조

원래는 기분 나쁜 생김새지만, 신기하게도 귀엽다는 생각이 드는 인기 만점의 생물들이다. 1 미소 짓는 것 같은 도마뱀. 2 아기 코끼리처럼 생긴 문어. 3 웃는 얼굴을 지닌 거북이. 4 귀여운 얼굴의 도롱뇽. 5 중년 아저씨 얼굴과 비슷한 물고기.

어딘가 사랑스러운 얼굴을 한 아홀로테

2 덤보문어라고 불리는 바다의 아이돌, 그림포테우티스

사진: Stan Shebs

마타마타거북은 언제나 씨익 미소 짓고 있다.

이미지 체인지 생물 랭킹

1 검은목까치어치(미국명)

2 무당바퀴벌레(일본명)

3 수염수리

4 보라금풍뎅이

5 왕털갯지렁이   P32 참조

원래 사람들이 싫어했지만, 이미지 체인지(?)에 성공한 생물을 소개한다. 공작 같은 깃털을 지닌 까마귀. 무당벌레처럼 생긴 바퀴벌레. 독수리의 '독(禿)'이란 곧 '대머리'. 하지만 대머리가 아닌 수염수리. 보석처럼 파랗게 빛나는 쇠똥구리. 일곱 가지 색으로 빛나는 갯지렁이.

1 까마귀로 보이지 않을 만큼 아름다운 모습의 검은목까치어치.

사진 : Jenny

5 낚싯밥으로 종종 쓰이는 갯지렁이의 일종이지만, 무지개 색으로 빛을 내 물고기를 유인한다.

4 쇠똥구리의 일종인 보라금풍뎅이는 보는 각도에 따라 색이 달라지는 아름다운 모습으로 이미지를 바꿨다.

사진 : gbohne

89

절규 생물 랭킹

1 골리앗개구리

2 바나나민달팽이 — P97 참조

3 네펜시스 아텐버러

4 칠성장어 — P36 참조

5 키로넥스 플렉케리 — P77 참조

갑자기 발견했다면 나도 모르게 비명을 지를 게 분명한 생물들을 '절규 생물'로 순위를 매겼다. 세계 최대 개구리. 세계 최대 민달팽이. 쥐도 잡아먹는 식충 식물. 사람에게도 달라붙는 흡혈 물고기. 최강의 독을 지닌 해파리.

◀너무 커서 현지에서는 식용으로 삼기도 하는 골리앗개구리.

▲쥐도 먹는 식물 네펜시스 아텐버러.

코가 이상해 랭킹

1. 별코두더지 — P47 참조
2. 사이가산양 — P45 참조
3. 코주부원숭이 — P42 참조
4. 동부바위코끼리땃쥐 — P166 참조
5. 리본장어

상한 코를 가진 생물들은 냄새를 맡는 것 외에 다른 용도로도 코를 사용한다. 👑1 두더지치고는 신기하게 손가락처럼 쓰는 코. 👑2 산양의 일종으로 찬 공기를 덥히는 코. 👑3 암컷에게 인기 있는 장식 코. 👑4 모든 방향으로 향할 수 있는 코. 👑5 곰치의 일종으로 센서 역할을 하는 더듬이.

리본장어는 성별을 바꾸는 특징도 있다.

먹잇감이 코를 건드리면 재빨리 잡아먹는다.

목이 너무 길어 랭킹

1. 게레눅
2. 기린바구미 — P54 참조
3. 뱀목거북
4. 서부논병아리
5. 마라

(위)뒷다리로 서서 긴 목을 활용해 잎을 먹는 게레눅.
(아래) 쥐의 일종으로 미묘하게 목이 길다.

같은 과에 속하는 동물보다 목이 유난히 긴 동물들. 생김새는 기묘하지만, 왠지 우아하고 아름다워 보이기도 한다. 👑1 아프리카에 사는 산양의 친척. 👑2 목이 긴 곤충. 👑3 뱀 같은 목을 가진 거북. 👑4 구애할 때 목을 길게 빼고 물 위를 달리는 새. 👑5 목이 길어진 쥐의 일종.

사진: GNU-Lizenz

저자 신타쿠 코이치가 골랐다

궁극의 기괴한 생물 랭킹

 하프 스펀지 P178 참조

그냥 보면, 도대체 무슨 종류인지 전혀 상상할 수가 없다(동물인지 아닌지도 모르겠다.). 심해 생물로 원시적인 해면동물 중 유일하게 육식이다.

 골리앗타이거피시 P20 참조

상어나 피라냐만큼 알려지진 않았지만, 식인 물고기로 괴물 같은 얼굴을 한 몬스터 피시다.

 채찍거미 P86 참조

거미, 전갈, 물장군 같은 강한 곤충을 섞어 놓은 듯한 원시적인 벌레다. 형태가 왠지 기분 나쁘지만 멋있어 보인다고 할까?

 카카포 P181 참조

세계에서 유일한 야행성 앵무새다. 얼굴은 귀엽지만, 날개가 퇴화하여 날 수 없기에 밤중에 숲을 어슬렁거리며 배회하는 모습이 왠지 불길하다.

 순다날원숭이 P74 참조

꽤 오랜 시간 순다날원숭이가 어떤 종에 속하는지 불명이었다. 전 세계 어느 동물원에서도 찾아보기가 힘들다. 의태해서 과일인 척 변신해 쉬는 모습도 왠지 기분 나쁘다.

생물의 분류는 어떻게 정할까?

"이 생물은 ○○의 일종"이라고 종종 말하지만, 무슨 기준으로 같은지 다른지를 결정하는 걸까? 예를 들어 포유류라면 뼈의 형태, 숫자, 크기, 내장의 구조 등을 비교하는 방법과 DNA 등을 세세히 분석해서 비교하는 방법, 이렇게 두 가지가 있다. 하지만 각각의 방법이 반드시 일치하는 건 아니어서, 토론이 벌어지거나 시간이 흐른 뒤 생물에 대한 학설이 바뀌는 경우도 종종 있다. 보는 시점이 달라지면 얼핏 보기에 멀어 보이는 다른 종이 사실은 굉장히 가까운 종이었다는 것을 알 날이 올지도 모르겠다.

나장 사진 주의!
기분 나쁜 생물

피곤한 아저씨 얼굴 물고기
블로브피시

어류 | 심해 생물

학명 : *Psychrolutes phrictus*

흉포성	진화도	미스터리
희귀성	변신력	

이 점이 굉장하다! 젤리 같은 미끈한 몸

➡ 에너지 절약
근육량이 적고 대부분 젤라틴 상태의 물질로 되어 있다. 물의 비중에 가까워 움직이는 데 에너지를 거의 사용하지 않고 움직인다.

❗ 미지의 돌기
코로 보이는 돌출 부분은 코가 아니다. 이 기관의 용도는 아직 알려지지 않았다.

🌀 빨아들이다
커다란 입으로 눈앞에 있는 사냥감을 빨아들인다. 입술에는 작은 가시가 있다.

서식지 : 태평양 심해

먹이
게, 새우, 물고기

몸길이 : 70cm

특징 바다에서 막 잡아 올렸을 때의 모습은 못생겼지만, 심해에서는 올챙이처럼 귀엽다.

해수면보다 수십 배나 기압이 높은 태평양 2,800m 심해에 서식하는 물고기다. 근육량이 적기 때문에 물에 떠다니면서 이동해 에너지를 절약한다. 심해에서 부력을 유지하기 힘든 부레를 갖는 대신 젤리와 같은 몸으로 밀도를 줄여 부력을 유지한다.

바다거미

바다에 사는 기분 나쁜 거미?

절지동물

학명 : *Ascorhynchus japonicus*

흉포성		진화도		미스터리	
희귀성		변신력			

이 점이 굉장하다!
바다에는 거미줄을 칠 수 없다.

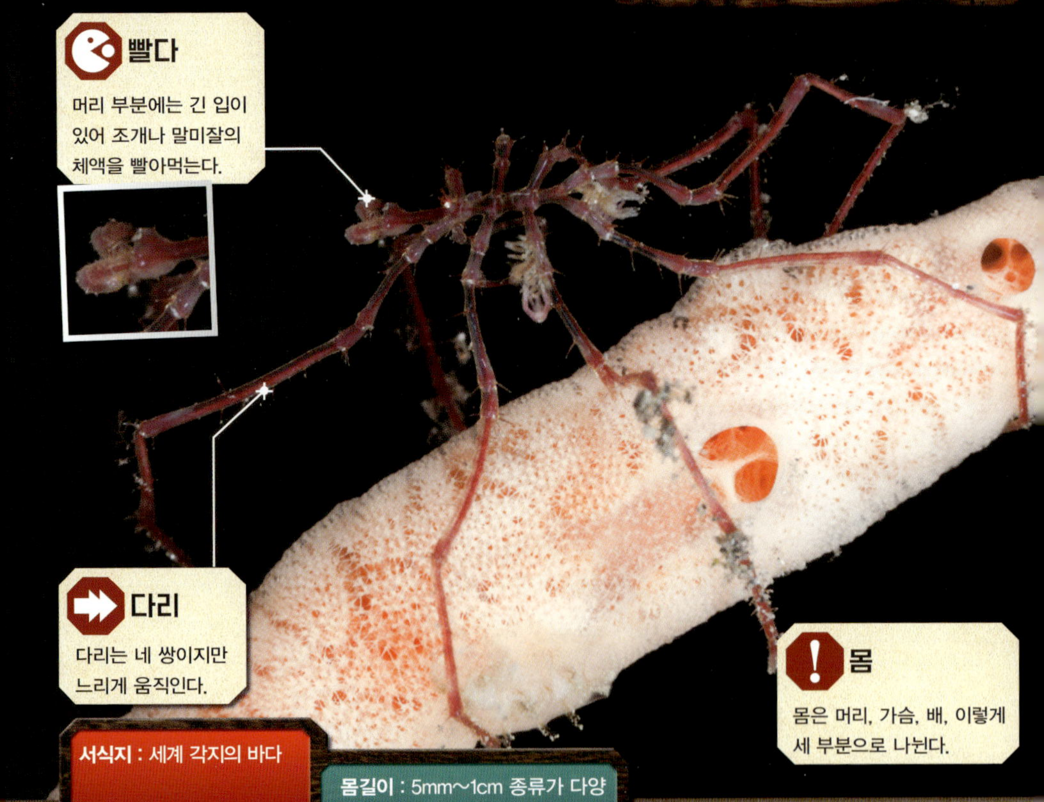

빨다
머리 부분에는 긴 입이 있어 조개나 말미잘의 체액을 빨아먹는다.

다리
다리는 네 쌍이지만 느리게 움직인다.

몸
몸은 머리, 가슴, 배, 이렇게 세 부분으로 나뉜다.

서식지 : 세계 각지의 바다

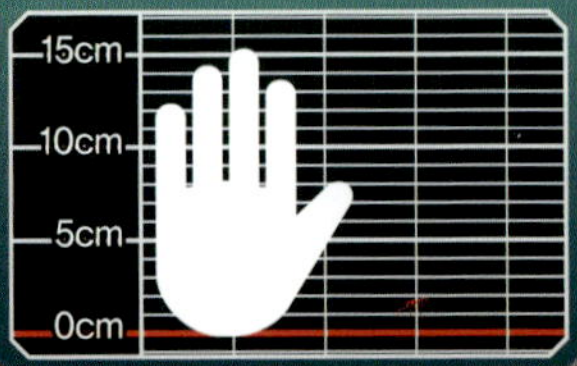

먹이
말미잘, 해파리, 조개 등의 체액

몸길이 : 5mm~1cm 종류가 다양

특징 조개에 기생하는 5mm 크기의 바다거미부터 심해에 사는 90cm 크기의 바다거미까지 약 1,000종이 알려졌다.

바다거미는 거미가 아니라 바다에 사는 절지동물 중 하나다. 거미와 비슷한 모습으로 진화했다. 북극, 남극을 포함한 전 세계 바다에서 산다. 머리와 가슴이 작아 마치 다리만 살아 있는 것처럼 보인다.

바나나민달팽이

바나나처럼 생긴 거대한 민달팽이

연체동물

학명 : *Ariolimax sp*

- 흉포성: ■
- 진화도: ■■
- 미스터리: ■
- 희귀성: ■■■
- 변신력: ■

이 점이 굉장하다! 미끌미끌한 성분은 민달팽이의 생존에 매우 중요하다.

이빨
입에는 치설이라 불리는 작은 이가 아주 많아서 잎을 떼어내 먹을 수 있다.

후각
점막은 마르는 것을 막아 줄 뿐만 아니라 냄새 분자가 붙기 쉬워 온몸이 '코'와 비슷한 역할을 한다. 산소와 냄새를 동시에 취한다.

패각의 흔적
민달팽이는 달팽이가 진화한 종으로, 등에는 퇴화한 패각의 흔적이 있다.

사진 주의! 기분 나쁜 생물

서식지 : 북미 서북부 숲

먹이 : 마른 잎, 동식물의 사체

몸길이 : 25cm **체중** : 150g

특징 : 숲을 더 풍성하게 만드는 소중한 역할을 한다.

북미 숲에 서식하는 세계 최대급의 민달팽이다. 색도 크기도 바나나와 비슷하다. 그러나 바나나 나무가 있는 숲에서 살진 않으므로 바나나 의태는 아니다. 민달팽이는 마른 잎이나 동물의 대변 등을 먹은 뒤 다시 흙으로 만들어 낸다.

97

양서류

엄마의 등을 뚫고 새끼가 튀어나온다!
피파개구리

별명 : Star-fingered toad 학명 : *Pipa pipa*

흉포성	진화도	미스터리
희귀성	변신력	

이 참 굉장하다!
아마존이 낳은 기적의 개구리

🎯 **센서**
양발 발가락 끝에는 센서가 있어 먹잇감에 닿으면 잡아먹는다.

산란
산란 전, 암컷의 등 피부가 스펀지처럼 변하면서 그 안으로 알이 스며든다.

➡️ **헤엄치다**
평평한 몸과 거대한 물갈퀴가 있는 뒷발로 물속을 빠르게 헤엄칠 수 있다.

서식지 : 남미 아마존강

몸길이 : 15cm

먹이
지렁이, 수생 곤충, 작은 물고기

특징
등가죽 안에 있던 100개 정도의 알은 부화한 뒤 올챙이에서 개구리로 성장하면 일제히 등에서 빠져나온다.

남미 아마존강에 서식하는 개구리다. 평생 물에서만 산다. 암컷의 등에서 알을 키우기에 천적을 보면 쉽게 도망칠 수 있다. 수많은 동물을 천적으로 둔 개구리가 알을 보호하기 위해 선택한 궁극의 전술이라고 할 수 있다.

The World of Weird Creatures

사진 주의! 기분 나쁜 생물

몸은 물속에서 움직이기 쉽도록 평평하다. 하지만 알을 낳을 때 모습은 다소 충격적이다.

미스터리의 고대 개구리!
돼지코개구리

양서류

별명 : Purple frog　학명 : Nasikabatrachus sahyadrensis

| 흉포성 | ■■□□□ | 진화도 | ■■■□□ | 미스터리 | ■■■■■ |
| 희귀성 | ■■■■□ | 변신력 | ■■□□□ | | |

이 점이 굉장하다! 신종 개구리는 지하에서 산다.

➡ **계속 파다**
땅속에서 굴을 쉽게 팔 수 있도록 몸이 둥글다.

❗ **빨판 입**
올챙이 시절의 입은 빨판 형태라, 조류를 따라 떠다니다가 암석에 붙는 것이 가능하다.

❗ **뾰족한 코**
개구리의 뾰족한 코는 흙을 쉽게 파고 먹이인 개미집 벽을 찔러 부수기 위해서다.

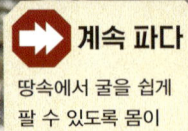

서식지 : 인도, 서고츠 산맥의 지하 3m

먹이
흰개미, 개미

🍴 **먹는다면?** 현지에서는 약으로 쓰고 있다.

몸길이 : 7cm

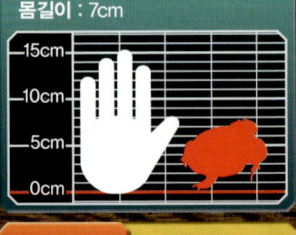

특징 올챙이는 백 년 전에 발견됐지만, 성체는 21세기에 발견되었다. 현재는 멸종 위기에 처했다.

2003년에 인도 산속에서 발견했으며 1억 년 이전과 같은 모습을 한 개구리다. 지금까지 인간에게 발견되지 않았던 이유는 평소에 깊이 3m 이하의 지하에서 사는 데다가 우기인 2주 동안만 번식을 위해 땅 위로 올라오는 습성 때문이다.

포유류인데도 꿀벌과 같은 계급 사회!
벌거숭이뻐드렁니쥐

별명 : Naked mole-rat 학명 : *Heterocephalus glaber*

포유류

- 흉포성: ■□□□□
- 희귀성: ■■■□□
- 진화도: ■■■■□
- 변신력: ■■□□□
- 미스터리: ■■■■■

이 점이 굉장해! 무리 전체가 하나의 생물처럼 행동한다.

이빨
흙을 파기 편하게 앞니가 있으며, 입술은 흙이 입안으로 들어가지 않게 되어 있다.

번식
여왕은 번식을 못 하게 하는 성분이 포함된 소변을 다른 암컷에게 뿌린다.

털이 없다
지하의 둥지와 터널은 지상보다 온도 변화가 적어서 털이 없어도 별문제가 없다.

사진 주의! 기분 나쁜 생물

서식지: 아프리카 동부의 건조 지역 땅속

먹이: 식물의 뿌리

몸길이: 8cm **체중**: 50g

특징: 자식을 만드는 건 여왕의 반려뿐이며, 나머지는 평생 노예처럼 둥지를 분업하여 관리한다.

아프리카 동부의 초원에 서식하는 쥐의 친척. 온몸에 털이 없고 땅속에서 산다. 포유류 중 유일하게 꿀벌과 같은 사회적 동물로 여왕과 일꾼이 있다. 최대 300마리가 무리를 지어 살고 여왕은 몸집이 커서 걸을 수 없다.

어두운 동굴에 사는 의문의 도롱뇽
동굴도롱뇽붙이

양서류

학명 : *Proteus anguinus*

흉포성	■
희귀성	■■■
진화도	■■■
변신력	■■■
미스터리	■■■

이 점이 굉장하다! 수명은 백 년 이상?

 색
전체적으로 흰색이다. 빛이 있는 곳에서 키우면 청회색으로 변한다.

 더듬이
발과 몸은 길고 가늘며, 어둠 속에서는 이 부분이 더듬이 역할을 한다.

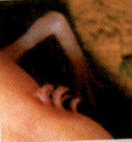

 시각
눈은 퇴화했다. 어린 개체일 때는 눈이 있으나 성장하면 사라진다.

서식지 : 이탈리아 지중해 연안의 동굴

먹이 : 새우, 게, 곤충

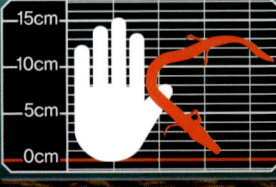

몸길이 : 30cm

특징 어릴 때는 아가미 호흡을 하지만 성체가 되면 폐 호흡을 한다. 다 자라도 아가미는 남아 있다.

유럽 지중해 연안에 있는 동굴에서 사는 도롱뇽이다. 마치 용의 어린 시절 같은 모습을 하고 있다. 동굴 생물의 특징인 새하얀 몸, 퇴화한 눈, 가늘고 긴 다리를 볼 수 있는데, 이는 어두운 굴에서 살기 편하게 진화한 것으로 보인다.

무족도마뱀

뱀처럼 발이 없는 도마뱀!

파충류

학명 : *Ophisaurus apodus*

흉포성	■■
희귀성	■■■
진화도	■■■■
변신력	■■■■
미스터리	■■■

이 점이 굉장하다! 꼬리를 끊고 도망칠 수도 있다.

꼬리
적이 공격하면 꼬리를 스스로 끊는다.

눈꺼풀
뱀에게는 없는 눈꺼풀이 있어서 눈을 깜박이거나 감을 수 있다.

귀
뱀에게는 귀가 없지만, 도마뱀에게는 귓구멍이 있다.

사진 주의! 기분 나쁜 생물

서식지 : 동유럽~서아시아의 건조 지대

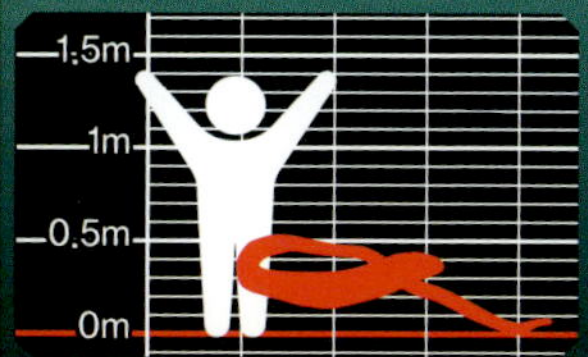

먹이
곤충, 달팽이, 지렁이, 개구리

몸길이 : 1.2m

특징
뱀과 도마뱀을 발의 유무로 구분하지는 않는다. 눈꺼풀과 귀, 꼬리를 스스로 자를 수 있는지가 구분 요소다.

네 개의 다리가 없어 마치 뱀처럼 보이지만 도마뱀의 일종이다. 일반적으로 도마뱀이 진화한 형태를 뱀으로 본다. 그 과정을 상상할 수 있게 해주는 진귀한 도마뱀인 셈이다. 뒷발은 발톱처럼 남아 있다.

극피동물

죽은 고기를 찾아다니는 심해 몬스터
천수해삼 (일본명)

별명 : Sea pig(바다돼지)　학명 : *Scotoplanes globosa*

심해 생물

- 흉포성
- 진화도
- 미스터리
- 희귀성
- 변신력

이 점이 굉장하다! 12개의 다리로 걸어 다닌다.

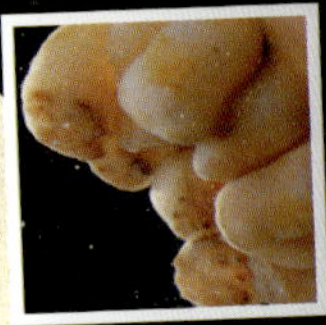

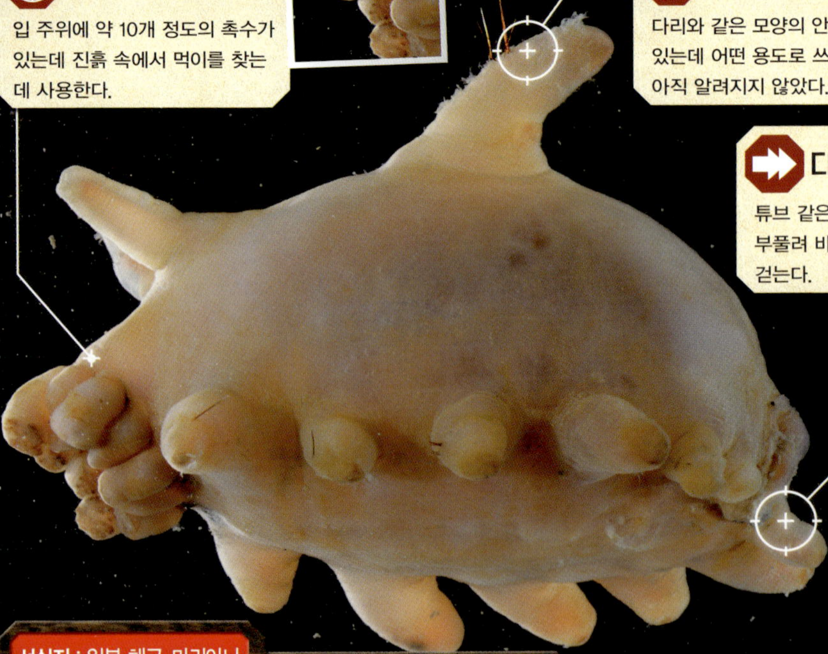

촉수
입 주위에 약 10개 정도의 촉수가 있는데 진흙 속에서 먹이를 찾는 데 사용한다.

수수께끼의 안테나
다리와 같은 모양의 안테나가 있는데 어떤 용도로 쓰는지는 아직 알려지지 않았다.

다리
튜브 같은 다리를 부풀려 바다 밑을 걷는다.

서식지 : 일본 해구, 마리아나 해구의 6,500m 심해

먹이 : 고래 사체 등

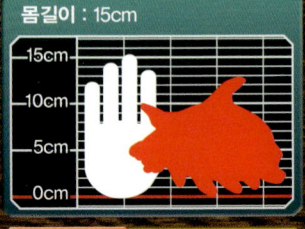

몸길이 : 15cm

특징
어느 심해에는 이 생물이 아주 많다. 그 때문에 저인망 어선에서 대량으로 잡아 올릴 때가 있다.

6,500m 심해에 서식하는 해삼이다. 12개의 다리와 10개의 촉수를 지녔다. 해삼은 고래 등이 죽어서 밑으로 가라앉으면 청소해 주는데, 이는 생태계에서 매우 중요한 역할이다. 그뿐만 아니라 해삼에는 갑각류와 기생충도 굉장히 많이 붙어 있다.

절지동물

세계 최대의 노래기
아프리카자이언트밀리패드

유독 생물

학명 : *Archispirostreptus gigas*

흉포성	■
희귀성	■■
진화도	■
변신력	■■
미스터리	■■

이 점이 굉장해! 악취(청산 가스)를 내뿜긴 하지만 온순한 벌레다.

썩은 내
발과 마디 사이에 분비하려고 축적한 독(청산 가스)이 있어 강렬한 냄새가 난다. 먹으면 위험하다.

온화
독니도 독침도 없다.

사진 주의! 기분 나쁜 생물

이동
다리가 매우 많지만, 이동 속도는 느리다.

서식지 : 아프리카 남서부 열대 우림

먹이
낙엽, 버섯, 사체

몸길이 : 30cm

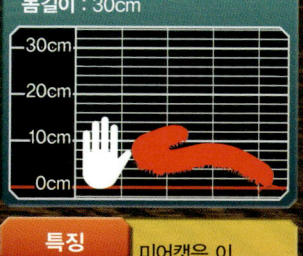

특징 미어캣은 이 노래기를 아주 좋아하는데, 먹어도 독에 중독되질 않는다.

노래기 중에선 최대 크기에 속하며 독을 지니고 있으나 독침이나 독니가 없어서 먹지 않는다면 사람에게 해가 없다. 발이 너무 많아 무시무시해 보이지만, 풀이나 낙엽이 썩은 부엽토 등을 먹고 흙을 만들어 주는 소중한 생물이다.

105

곤충

부엉이 눈을 닮은 무늬
펠레이데스모르포나비

의태 생물

학명 : *Morpho peleides*

- 흉포성
- 희귀성
- 진화도
- 변신력
- 미스터리

이 점이 굉장하다! 겉과 안의 날개 색이 아주 다르다.

! 빛의 반사
날개 겉 부분은 금속 느낌의 푸른색으로 색소의 색뿐만 아니라 빛의 반사를 이용해 색을 낸다.

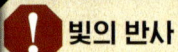

의태
날개의 안쪽은 수수한 갈색으로 눈동자 무늬가 있다. 부엉이 눈동자와 비슷한 모양으로 천적인 작은 새에게 겁을 주기 위함이다.

독
유충은 콩과의 식물 잎을 먹고 자란다. 성충이 되면 독이 생긴다.

서식지 : 남미 아마존강

먹이
유충은 콩과 식물, 성충은 마른 과일, 동물의 사체와 버섯

몸길이 : 최대 20cm

특징
푸른 은박지를 흔들면 다른 수컷이 나는 걸로 생각한다. 수컷을 쫓아내려 다가오는 습성을 이용해 잡을 수 있다.

남미 아마존에 서식하는 나비다. '살아 있는 보석'으로 불리는 네발나빗과의 대형 나비로, 80여 종이 있다. 세계에서 가장 아름답다는 평을 듣기도 한다. 하지만 날개 뒷면에 눈동자 무늬가 있어 마치 누군가를 노려보는 것처럼 보이기도 한다.

사슴벌레처럼 생긴 고대 잠자리?
큰턱뱀잠자리 (일본명)

곤충

학명 : *Corydalus cornutus*

| 흉포성 | ■■□ | 진화도 | ■□□ | 미스터리 | ■■□ |
| 희귀성 | ■■□ | 변신력 | ■■□ | | |

이 점이 굉장하다! 턱이 무기인 최강의 수생 곤충

날개

날개의 모양은 잠자리보다 하루살이에 가까우며 배 부분을 완전히 감싼다.

뱀 비슷한 모양

일반적인 뱀잠자리의 머리는 뱀과 똑같다.

사진 : OpenCage

사진 주의! 기분 나쁜 생물

턱

수생 유충도 성충도, 크게 발달한 강력한 턱을 지녔다.

사진 : Dehaan

서식지 : 동아시아의 흐르는 맑은 물

먹이
곤충

🍴 **먹는다면?**
나가노현에서는 졸여서 먹는데 진미다.

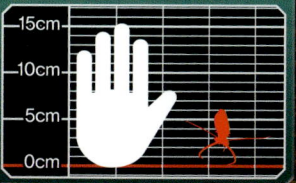
몸길이 : 4cm

특징
성질이 난폭해서 애벌레일 때도 동료끼리 큰 턱으로 서로 물면서 싸우다가 죽이기도 한다.

동남아시아에서 서식하는 수생 곤충이다. 잠자리는 아니다. 유충은 지네처럼 생겼는데 성충이 되면 사슴벌레와 흡사한 얼굴이 된다. 성질이 난폭한 육식 곤충으로 턱 힘이 세서 종종 뱀에 비교된다. 유충은 맑게 흐르는 물 상류 부근에서만 살 수 있다.

유명해진 진귀한 생물들

여기에서는 방송 광고 등에서 우스꽝스러운 동작이나 귀여운 모습으로 인기 만점인 동물들을 소개한다.

진기한 동물 포인트 1 목도리로 위협
놀라면 목 주위에 있는 비늘막을 넓게 펼치고 입도 크게 벌린다. 구애나 수컷끼리 싸울 때도 이런 동작을 취한다.

우스꽝스럽게 달리는 괴상한 도마뱀
목도리도마뱀

호주 북부에 서식하는 몸길이 70cm의 도마뱀의 일종. 놀라면 목 주위의 거대한 비늘막을 펼치는데, 적이 꼼짝도 안 하면 뒷걸음질 치며 달린다. 일본에서는 자동차 광고에서 황야를 맹렬히 달리는 모습으로 엄청난 인기를 끌었다.

비늘막을 접은 상태

진기한 동물 포인트 2 뒷걸음질 치며 달리다
평소에는 나무 위에서 생활하지만, 위험한 육지에서는 뒷발로 선 자세로 꽤 먼 거리를 달린다.

학명/*Chlamydosaurus kingii*

언제나 생글생글 웃는 도롱뇽
아홀로틀 (우파루파)

멕시코에 사는 도롱뇽의 일종. 정식 이름은 멕시코도롱뇽이다. 몸길이는 20cm로 다 자라도 주로 물에서만 생활하며 얌전한 성격이다. 현재 야생에서는 멸종 직전이다. 일본에서는 컵라면 광고에서 귀여운 외모로 굉장한 붐을 일으켰다.

진기한 동물 포인트 1 아가미가 있다
양서류는 올챙이에서 성체가 되면 폐 호흡을 하지만 아가미는 남아 있다.

진기한 동물 포인트 2 흰색
반려동물로는 색소가 없는 알비노(백화)가 인기 있지만, 야생에서는 올챙이 비슷한 회색이다.

학명/*Ambystoma mexicanum*

동물계의 톱 아이돌!
대왕판다

중국 해발 4,000m 고산에서 온 까맣고 하얀 인기 동물. 흥미로운 부분은 판다의 귀여운 모습이 아니라 육식 동물이었는데 초식(대나무) 동물로 진화했다는 점이다. 분류도 어려운 데다가 지금까지도 풀지 못한 부분이 많다. 우리나라에서는 용인 에버랜드에서 대왕판다를 사육 중이다.

진기한 동물 포인트 1 발가락 수
대나무를 잡기 위해 손목뼈가 엄지손가락처럼 길어져 마치 손가락이 여섯 개처럼 보인다.

진기한 동물 포인트 2 흑백의 의미
추운 눈에서 동상에 걸리기 쉬운 부분이 열을 흡수하기 쉬운 검은색이 되었다.

학명/*Ailuropoda melanoleuca*

깡충깡충 뛰는 귀여운 원숭이!
베록스시파카

아프리카 마다가스카르섬에 서식하는 원원류. 나무에서 나무로 10m를 점프해서 이동한다. 땅에서는 깡충깡충 뛰는 것처럼 달린다. 현지에서는 신의 사자라고 믿고 있으나 서식지가 급격히 줄어들고 있다. 일본에서는 가전제품 광고에서 깡충깡충 뛰는 모습으로 화제를 모았다.

진기한 동물 포인트 1 달리는 방식
발과 팔의 길이가 많이 차이 나, 사람처럼 다리로만 선 자세로 옆으로 날 듯이 땅 위를 달린다.

진기한 동물 포인트 2 가시에 강하다
손발의 피부가 두꺼워서 선인장처럼 가시가 많은 식물과 부딪혀도 찔리지 않는다.

학명/*Propithecus verreauxi*

복슬복슬 솜 인형 동물!
알파카

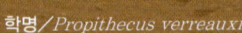
학명/*Vicugna pacos*

남미에 사는 가축의 하나로 라마와 낙타에 가까운 동물이다. 품질 좋은 털을 얻기 위해 사육한다. 위가 4개라 소처럼 되새김질할 수 있다. 되새김질하던 걸 내뱉어 무기로 쓰기도 한다. 일본에서는 화학 회사 광고에 캐릭터로 등장하면서 귀여운 모습으로 인기를 끌었다.

진기한 동물 포인트 1 운동 능력
발이 빠르고 발 딛기가 좋지 않은 바위 위에서도 시속 40km로 달릴 수 있다.

진기한 동물 포인트 2 무기
귀여운 얼굴이지만 성격이 난폭해서 라이벌이나 싫어하는 사람에게는 침을 뱉는다. 특수한 침이라 이삼일 동안 냄새가 가시질 않는다.

5장

멍하니 넋을 잃고 보다!
빛나거나 투명한 생물

유리 세공품 같은 아름다운 개구리
산타 세실리아 코크런 개구리 (미국명)

양서류

학명 : *Cochranella midas*

| 흉포성 | ■■ | 진화도 | ■■■ | 미스터리 | ■■■ |
| 희귀성 | ■■■ | 변신력 | ■■■ | | |

이 점이 굉장하다! 피부가 투명해서 내장이 다 보인다.

🛡 **투명**
몸길이는 25mm로, 아주 작고 투명한 몸을 한 개구리다. 물 근처 잎 위에서 산다.

👶 **육아**
암컷이 잎 위에 알을 낳으면 새끼가 올챙이가 될 때까지 수컷이 지킨다.

서식지 : 남미 아마존강 주위

먹이
곤충

몸길이 : 25mm

특징 수컷이 알의 습도를 유지하기 위해 자신의 소변을 묻힌다.

등 부분은 옅은 초록색으로 투명하며 배 부분은 완전히 투명하다. 투명해서 주위 색이 그대로 비쳐 보이는 덕에 천적에게서 몸을 숨길 수 있다. 수컷끼리는 잎에서 상대를 떨어뜨리려고 격투를 벌이며 암컷이 알을 낳기에 좋은 장소를 사수한다.

The World of Weird Creatures

 빨판
발가락 끝에는 커다란 빨판이 있어서 비바람이 불어도 잎에서 떨어지지 않는다.

멍하니 넋을 잃고 보다! 빛나거나 투명한 생물

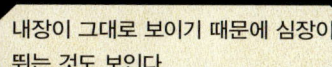
내장이 그대로 보이기 때문에 심장이 뛰는 것도 보인다.

천사일까, 악마일까?
무각거북고둥 (클리오네)

연체동물

별명 : Sea angel 학명 : *Clione limacina*

| 흉포성 | ■■ | 진화도 | ■■■ | 미스터리 | ■■■ |
| 희귀성 | ■■ | 변신력 | ■■■ | | |

이 점이 대단하다! 먹는 방식이 악마처럼 무시무시한 육식 고둥

➡ 익족
머리 부분과 배 부분이 나누어져 있으며 배 부분에는 날개처럼 펄럭일 수 있는 익족이 있다.

❗ 배고픔에 강하다
배고픈 데 강해, 1년 정도는 아무것도 먹지 않고도 버틸 수 있다.

🟡 버컬 콘
어렸을 때는 식물을 먹지만, 다 성장하면 육식으로 변해 머리에 있는 버컬 콘이라는 여섯 개의 촉수로 다른 클리오네를 잡아먹는다.

서식지 : 북극해, 남극해 및 유빙이 있는 차가운 바다

몸길이 : 3cm

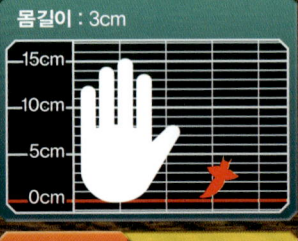

먹이 : 다른 클리오네

특징 : '천사'로 비유하지만 다른 클리오네를 잡아먹는 모습은 무시무시하다.

껍질이 없는 조개류로 내장을 제외하고 투명한 몸체로 돼 있다. 다 자라면 조개껍데기가 사라지고 몸도 가벼워져 자유롭게 떠다닐 수 있도록 진화했다. '유빙의 천사', '얼음의 요정' 등으로 불릴 만큼 사랑스러운 모습으로 아주 인기가 많다.

곤충

그레타 오토
유리처럼 투명한 날개를 지닌 나비

유독 생물

별명 : 유리날개나비 학명 : *Greta oto*

흉포성	진화도	미스터리
희귀성	변신력	

이 점이 굉장하다!
아름다운 투명 날개를 가진 독나비

앞발
네발나빗과 중에서도 가장 진화했으며 앞발이 퇴화하여 작아져 마치 발이 4개인 것처럼 보인다.

투명
날개에 인분이 없어서 투명하다.

날다
비행 능력이 높아 체중의 40배 무게를 들어 올릴 수 있으며, 시속 12km로 날 수 있다.

멍하니 넋을 잃고 보다! 빛나거나 투명한 생물

서식지 : 북미(플로리다주)~중남미

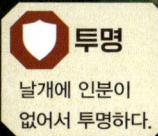

먹이
꽃의 꿀, 유충은 가지과 식물의 잎

몸길이 : 날개폭 6cm

특징 유충 시절에 식물을 먹으며 유독 물질을 축적해 놓은 덕에 새 같은 포식자가 잡아먹어도 바로 토해 버린다.

네발나빗과의 일종으로 크기는 배추흰나비 정도다. 곤충이지만 아주 먼 지역까지 이동이 가능하다. 거대한 날개를 펄럭여도 배경이 비쳐 보여 천적의 눈에 띄지 않도록 진화했다.

데메니기스

머리만 투명한 환상의 심해어!

어류 | 별명: Barreleye | 학명: *Macropinna microstoma*

- 흉포성
- 진화도
- 미스터리
- 희귀성
- 변신력

이 점이 굉장하다! 머리 부분이 투명하다.

시각
대롱처럼 생긴 눈동자로 심해의 어둠을 꿰뚫을 수 있다. 특이하게도 눈이 머릿속에 있다.

후각
얼굴 앞에 눈동자처럼 생긴 부분은 사실 코다.

떠다니다
빨리 헤엄치지 못한다. 대부분 그저 떠다닌다.

서식지: 태평양 아한대 800m 지점의 심해

먹이: 해파리, 작은 물고기

몸길이: 15cm

특징
2004년에 헤엄치는 모습을 처음 확인했다. 잡아 올리면 투명한 머리 부분이 바로 바스러진다.

심해어로는 특이하게 해저 바닥 근처에 살지 않고 수심의 중간쯤에 떠다니는 유영성 어류이다. 긴 관 모양의 망원경처럼 생긴 눈을 지녔으며 바로 앞은 물론 위도 볼 수 있다. 눈이 머릿속에 있어서 머리 전체가 투명하게 변했다.

네온처럼 아름답게 빛나는 해파리
빗해파리

유즐동물 | 심해 생물

학명 : *Ctenophora*

흉포성	■
희귀성	■■
진화도	■■
변신력	■■■
미스터리	■■■

이 점이 굉장하다! 빛을 내는 게 아니라 반사하는 것이다.

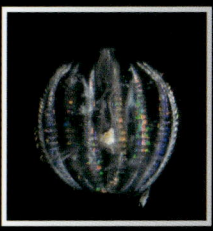

⚡ **무지개색으로 반사**
작은 털이 머리빗처럼 나란히 줄지어 있으며 이를 움직여 헤엄칠 때 무지개색으로 빛을 반사한다.

멍하니 넋을 잃고 보다! 빛나거나 투명한 생물

➡ **부유**
조류를 따라 떠다니기만 할 뿐, 헤엄을 잘 치지 못한다.

서식지 : 열대 전 지역

몸길이 : 10cm
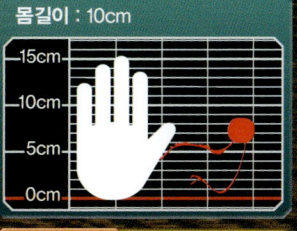

먹이
작은 물고기, 플랑크톤

특징 천적의 눈을 혼란시킬 필요가 없는 어두운 심해에서도 무지개색으로 빛을 반사한다.

유즐동물로 150종이 있는데 일본 근해에도 빗해파리과 동물이 많이 서식한다. 해파리라고 부르긴 하지만 해파리와는 전혀 다른 종이다. 스스로 빛을 내는 게 아니라 빛을 반사하여 반짝거린다. 몸이 약해서 그물로 잡아 올리면 바로 부서진다.

빛을 내며 작은 물고기를 유인한다

초롱아귀

어류   별명 : Atlantic football fish   학명 : *Himantolophus groenlandicus*

심해 생물

- 흉포성
- 희귀성
- 진화도
- 변신력
- 미스터리

이 점이 굉장하다! 수컷을 제 몸의 일부로 삼는 암컷

가짜 먹이
발광기로 유인한 작은 물고기를 커다란 입으로 한꺼번에 흡입한다.

발광
대부분의 발광 생물은 공생하는 박테리아가 발광 물질을 만들어 내지만, 초롱아귀는 스스로 만들어 낸다.

기생
암컷의 몸길이는 50cm인데 비해 수컷은 겨우 4cm다.

서식지 : 전 세계 800m 심해

먹이 : 물고기
먹는다면? 먹을 수 있다.

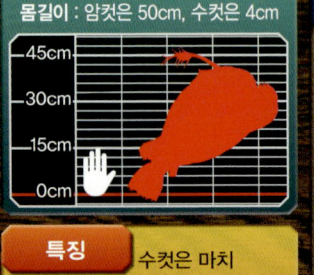

몸길이 : 암컷은 50cm, 수컷은 4cm

특징 : 수컷은 마치 전혀 다른 생물인 것처럼 암컷에 기생하고 있다.

초롱불처럼 생긴 발광기가 있어 '초롱아귀'라는 이름이 붙었다. 수컷은 암컷의 10분의 1 크기로 암컷의 몸에 흡수되어 합체한다. 수컷의 뇌와 심장은 사라지고 암컷이 산란하고 싶을 때 정자를 배출한다. 암수가 서로 만나기 쉽지 않은 심해 생활을 하다가 진화한 궁극의 교미 방식이다.

The World of Weird Creatures

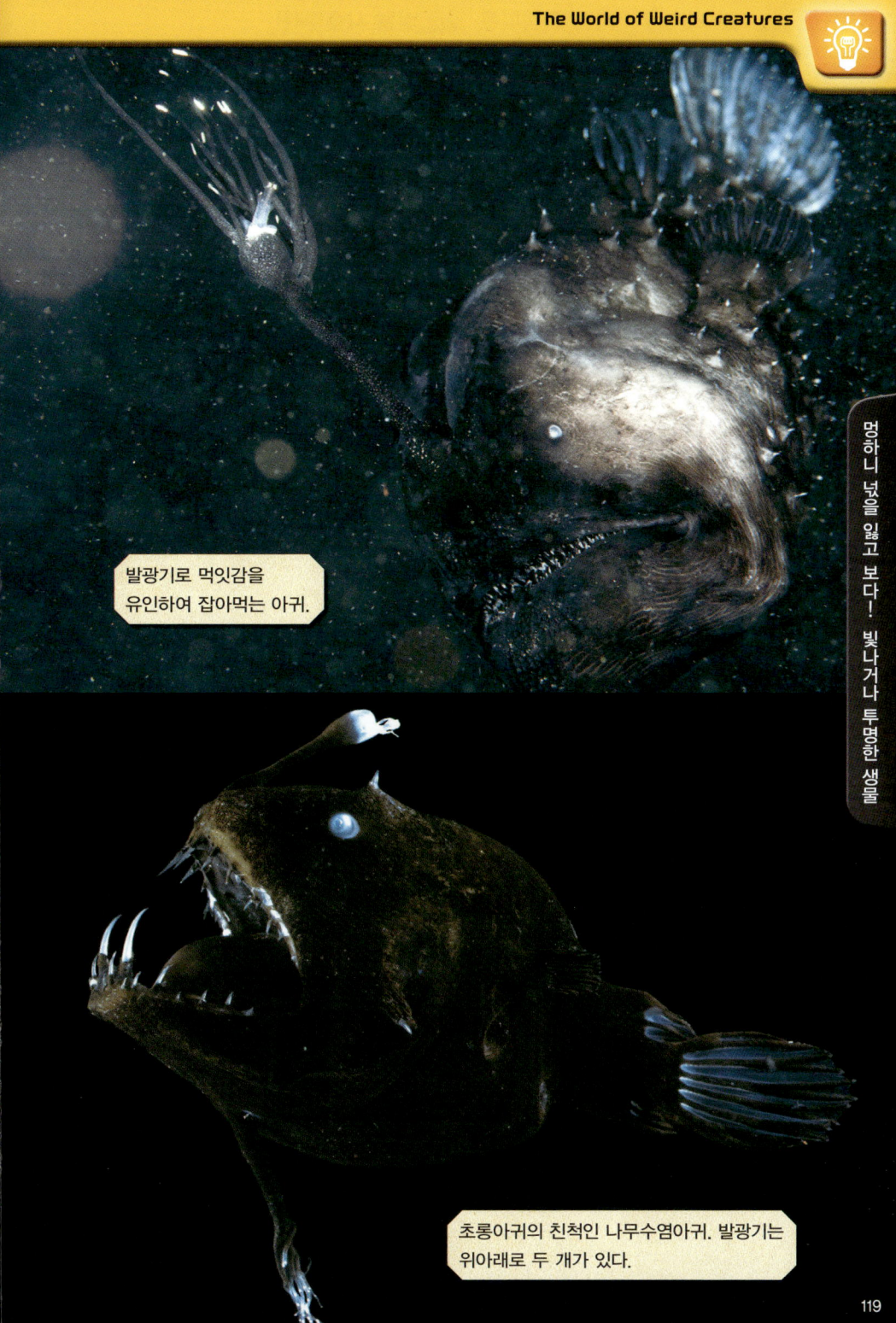

발광기로 먹잇감을 유인하여 잡아먹는 아귀.

멍하니 넋을 잃고 보다! 빛나거나 투명한 생물

초롱아귀의 친척인 나무수염아귀. 발광기는 위아래로 두 개가 있다.

곤충

전 세계에서 가장 아름다운 일곱 빛깔 사슴벌레!
뮤엘러리사슴벌레

별명 : Rainbow stag beetle   학명 : *Phalacrognathus muelleri*

| 흉포성 | ■■ | 진화도 | ■■■ | 미스터리 | ■■ |
| 희귀성 | ■■■ | 변신력 | ■■■ | | |

이 점이 굉장하다!
빛나는 이유는 천적인 새 때문에?

뿔
수컷끼리 싸울 땐 턱으로 가위질하기보다 장수풍뎅이처럼 들어 올려서 넘어뜨린다.

일곱 빛깔
날개뿐만이 아니라 다리와 배도 일곱 가지 색으로 빛난다.

서식지 : 오세아니아(뉴기니 남부, 호주 동부) 숲

먹이
수액, 잘 익은 과일

몸길이 : 6cm
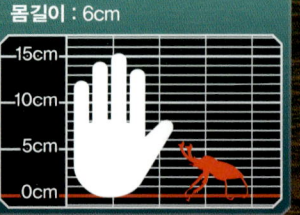

특징 호주에서 19세기 말에 처음 발견했다. 뉴기니 섬에서도 발견됐지만, 멸종 가능성이 크다.

오세아니아에서 서식한다. 일곱 빛깔로 빛나는 세계에서 가장 아름다운 사슴벌레로 유명하다. 빛을 내는 이유는 미스터리지만 천적인 새가 금속 광택을 싫어하는 습성이 있어서 몸을 지키는 효과가 있는 것으로 추측하고 있다. 몸의 형태는 사슴벌레보다 장수풍뎅이에 가깝다.

무지개보아

일곱 빛깔로 빛나는 뱀!

파충류

별명 : Brazilian rainbow boa   학명 : *Epicrates cenchria*

- 흉포성 ■■
- 희귀성 ■■
- 진화도 ■■
- 변신력 ■■■
- 미스터리 ■■

이 점이 굉장하다! 습도가 높은 정글에서는 주위에 스며든다.

압박
독이 없어서 쥐 같은 소형 동물의 숨통을 조여 죽인 뒤 잡아먹는다.

눈
뱀은 일반적으로 눈꺼풀이 없으며, 눈 위에 콘택트렌즈 비슷한 투명한 비늘이 한 장 있다.

출산
파충류로는 드물게 난태생이라 알이 아닌 8~30마리의 새끼 뱀을 낳는다.

멍하니 넋을 잃고 보다! 빛나거나 투명한 생물

서식지 : 남미 아마존 유역

몸길이 : 2m

먹이 : 작은 새, 소형 포유류

특징 : 성격이 온화하여 반려동물로 키우는 사람이 늘고 있으며 컬러도 다양하다.

이름처럼 보는 각도에 따라 몸의 표면이 일곱 빛깔로 변화한다. 신비한 느낌을 주는 뱀이다. 왜 일곱 빛깔로 빛나는지는 아직 밝혀지지 않았다. 일곱 빛깔로 빛나는 뱀은 이 외에도 있지만, 무지개보아처럼 아름답게 빛나진 않는다.

다 함께 모여 빛을 내는 생물

자연계에 나타난 환상적인 빛의 일루미네이션.
이 빛을 만들어 낸 생물은 도대체 누구일까?

동굴 속에서 빛나는 '하늘의 강'
글로우웜

학명/*Arachnocampa Luminosa*

호주와 뉴질랜드에 서식하는 파리의 일종이다. 글로우웜의 유충이 동굴 천장에서 빛을 내는 끈적끈적한 실을 내리면 빛을 보고 달려든 벌레가 실에 들러붙는다. 이 동굴은 마치 '하늘의 강'처럼 아름답게 빛나고 있다.

개미집

사진: Ary Nascimento Bassous

초원에서 빛나는 '크리스마스트리'
발광방아벌레
학명/*Pyrophorus noctilucus*

남미 초원에서 서식하는 곤충인 방아벌레의 일종이다. 거대한 개미집 벽에 집을 짓는데, 유충은 가슴 부분에서 빛을 내보내 결혼 비행에 나가는 수컷 개미를 유인하여 잡아먹는다. 이 유충의 빛 덕분에 개미집은 '크리스마스트리'처럼 빛을 낸다.

작은 육식 생물이 만들어 낸 '빛나는 바다'
갯반디
학명/*Vargula hilgendorfii*

일본 연안에서 볼 수 있는 갑각류(새우의 일종) 중 하나다. 미립자 정도의 크기로 낮에는 모래에서 살다가 밤이 되면 헤엄치면서 죽은 물고기 등을 찾아다닌다. 자극을 받으면 빛을 내는데 그 덕분에 바다 표면이 청백색으로 빛난다. 구애나 천적의 눈을 가리기 위해 빛을 낸다고 추측하지만, 아직도 풀리지 않은 의문이 많다.

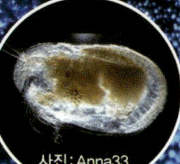
사진: Anna33

초원을 날아다니며 반짝이는 '유성'
반딧불이
학명/*Luciola cruciata*

발광 생물의 대표 곤충이다. 반딧불이를 포함한 대부분의 발광 생물은 루시페린이라는 빛을 내는 물질을 만들어 낼 수 있다. 이 물질은 아무리 빛을 내도 뜨거워지지 않는 신비한 속성을 지녔다. 반딧불이는 영역을 표시하거나 구애할 때 빛을 반짝거린다. 또한, 종류에 따라 켜졌다 꺼지는 점멸 속도가 다르다.

생물 조사 대작전

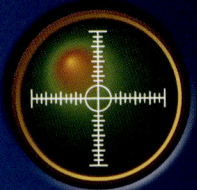

신종 생물이나 아직 생태가 밝혀지지 않은 생물은 어떻게 연구하는 걸까?
여기에서는 특수한 기능을 지닌 탈것과 조사 도구를 알아보자.

탈것·로봇

극한의 세계에 생물이 사는지 아닌지를 조사하려면 연구자를 위험으로부터 보호해 주는 탈것의 활약이 중요하다. 또한, 사람이 갈 수 없는 장소에는 로봇을 보내 조사한다.

잠수함 신카이6500

일본이 자랑하는 6,500m 심해까지 조사할 수 있는 유인 잠수 조사선이다. 조종사 두 명과 연구자 한 명이 직경 2m의 공 모양 조종실에 탑승한다.

로봇 팔로 심해 생물을 채집한다.

남극 관측선 쇄빙선 시라세

1.5m 두께의 얼음을 부수면서 시속 5km 속도로 나갈 수 있다. 남극에서 지구 환경 조사를 하고 있다. 헬리콥터도 실을 수 있다.

시라세의 배수량은 11,600톤이다.　　사진:Tak1701d

얼음을 부수면서 나아가는 쇄빙선.

피닉스는 2007년 8월에 완성되어 2008년 5월 화성에 착륙했다.

화성 탐사기
피닉스 /
마스 익스프레스 로버

NASA의 무인 로봇 탐사기다. 지구 이외의 행성에 생명이 있는지 조사한다. 화성에 물이 있는지를 조사하기도 했다. 로버를 발사하는 비용은 약 1조 원이다.

마스 익스프레스 로버는 2003년 6월에 쏘아 올렸고 2004년 1월에 화성에 착륙했다.

멀티콥터

사람이 가까이 갈 수 없는 화산이나 유독 가스가 나오는 장소, 상공에서 숲이나 지형을 촬영하고 싶을 때 활용하는 조사용 소형 무선 원격 조정 헬리콥터다. 소형 로봇 등을 해당 장소로 옮겨 여러 가지 조사를 할 수 있다.

조사용 비행선

거대한 곤돌라에 연구가가 탑승한 뒤 정글의 나무줄기에 사는 생물을 그물로 채집하거나 하늘을 나는 생물을 조사할 수 있다.

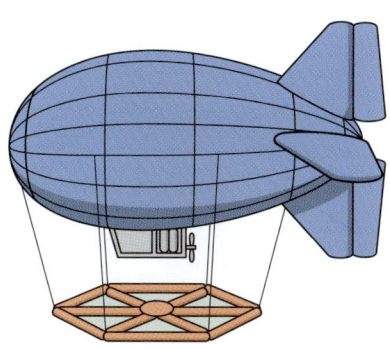

생물 조사 대작전

조사 아이템

동물의 습성을 파악해서 동물을 촬영하거나 어떤 행동을 하는지 조사할 때 쓰는 도구다.

자동 촬영 카메라

인기척을 느끼고 모습을 감추는 포유류 등의 생태를 확인하고 싶을 때 사용하는 특수 카메라다. 동물이 카메라 앞을 지나면 자동으로 셔터가 눌린다.

나무 등에 고정하여 사용한다.

자동 촬영 카메라로 찍은 사진

사진 제공 : GISupply

디지털 핸디 스코프 CA-300

케이블 끝에 카메라 렌즈가 있어 암석 틈이나 생물의 둥지 등 좁은 곳을 촬영할 수 있다.

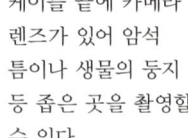

렌즈

사진 제공 : 일본 Emerson Ridgid 사업부

오리피리

동물 소리를 내는 피리. 오리나 병아리, 혹은 사슴 소리 등을 낼 수 있는 피리가 있으며 동물이 피리 소리를 듣고 반응하는 소리를 통해 어디서 사는지를 확인할 수 있다.

사진 : Rob

탈것·로봇 | 조사 아이템 | 조사·탐험

목걸이발신기 GPS

사냥개의 목에 발신기를 채운 뒤 풀어 주면 사냥감을 잡은 장소를 GPS로 확인할 수 있다.

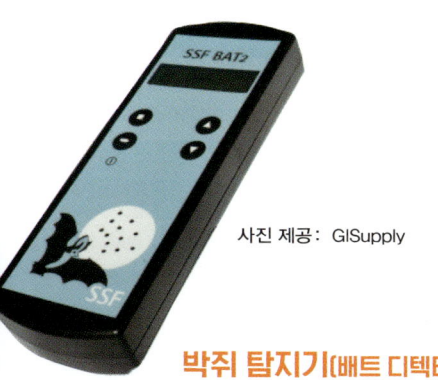

사진 제공: GlSupply

박쥐 탐지기(배트 디텍터)

박쥐가 날아다니면서 내는 초음파는 인간의 귀에는 들리지 않지만, 이 장치를 날고 있는 박쥐를 향해 들면 인간의 귀에 들리는 주파수로 바꿔 준다.

사진 제공: Matsuda corporation

라디오 텔레메트리

송신기를 붙인 동물이 있는 곳까지의 거리와 방향을 안테나가 가리키는 방향으로 알 수 있다. 어떤 경로로 얼마나 이동했는지를 조사할 수 있다.

멀티콥터를 사용해 추적 조사를 하고 있다.

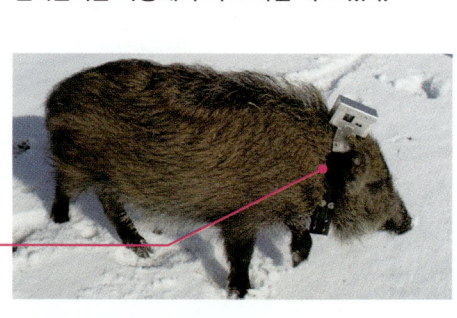

수신기   발신기

생물 조사 대작전

조사 · 탐험

미지의 동물을 조사하려면 목숨을 걸어야 한다. 수많은 학자와 모험가들 덕분에 지구 생명체의 수수께끼가 조금씩 풀리고 있다.

스포트라이트 센서스 조사

야행성 동물의 거주지를 조사할 경우, 어두운 숲을 향해 강력한 빛을 쏘면 동물의 두 눈이 빛을 낸다. 이것으로 사는 곳을 알아낼 수 있다.

사진 제공 : GISupply

어둠 속에서도 빛나는 눈으로 확인한다.

캐노피워크 조사

열대 우림에는 많은 생물이 나무의 수관(나무 윗부분)에 살고 있다. 여기에 다리를 매달아 놓은 뒤 40m 이상 되는 높이에서 채집과 관찰을 할 수 있게 해 놓았다.

특수 내열 방화복 – 화학 소방용

동굴, 화산 조사

빛이 없는 동굴이나 화산 입구 근처 등 고온인 장소와 유독 가스가 있는 장소에서 생물을 조사하려면 중장비를 착용해야 한다. 굉장히 위험한 조사다.

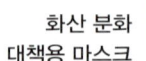

화산 분화 대책용 마스크

사진 제공 : Daito

헬멧 & 헤드라이트
탐험복
장갑
트레킹 슈즈

수직굴인 경우에는 케이빙 글로브, 하네스 등이 필요하다.

사진 : Dave Bunnell
사진 : Eric

애니멀 트랙 분석 방법

실제 야산에 가도 야생 동물을 쉽게 만날 수는 없다. 그때 동물들이 남긴 단서가 중요한 정보가 된다. 특히 발자국, 배설물, 털, 먹은 흔적 등으로 어떤 동물인지 알 수 있다.

토끼

발자국
발을 찍는 방식과 움직이는 방식에 특징이 있다. 눈 위에 남긴 흔적이라면 더욱 알기 쉽다.

배설물
콩과 비슷한 색과 모양이다.

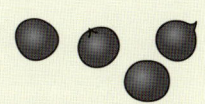

산양

발자국
발굽 수와 움직이는 방식에 특징이 있다.

배설물
사슴과 비슷하지만, 동일한 장소에 계속 볼일을 본다.

족제비

발자국
발바닥 패드의 크기, 발톱의 흔적, 보폭 등에 특징이 있다.

배설물
길고 가늘게 늘어진 모양이다. 똥으로 영역을 표시한다. 배설물에서 나온 털로 무엇을 먹었는지 알 수 있다.

서식지
새 둥지나 동물의 집에는 특징이 있다. 깃털이나 털도 중요한 단서가 된다.

동물의 흔적
나무껍질을 긁거나 발톱이나 뿔을 간 흔적으로 동물의 생태를 확인할 수 있다.

서식지

겨울 동안, 곰은 굴에서 동면한다.

나무 구멍에 있는 다람쥐의 집

여우는 출산할 때만 집을 만든다.

동물의 흔적

사슴이 나무껍질을 먹은 흔적

나무에 남은 곰의 발톱 자국

심해 생물

미지의 세상에서 살고 있다!

심해는 수심 200m 이하의 깊은 바다를 말한다. 지구에 있는 여러 환경 중 사람이 조사나 연구를 제대로 하지 못한 미지의 세계다. 그곳에서 사는 미스터리로 가득한 심해 생물을 소개한다!

일본에서는 심해 생물의 등장이 거대 지진과 천재지변을 예고한다는 속설이 있다.

대왕산갈치

환상의 초대형 심해 몬스터

어류

별명 : 태평양 산갈치 학명 : *Regalecus glesne*

심해 생물

- 흉포성 ■
- 진화도 ■■
- 미스터리 ■■■
- 희귀성 ■■■
- 변신력 ■■

> 이 참이 굉장하다! '용신의 하수인'이라는 이름에 걸맞은 괴물 물고기다.

미지의 세상에서 살고 있다! 심해 생물

헤엄치다
비스듬히 기울어져 헤엄을 치는데, 긴 등지느러미로 헤엄치는 것으로 추측하고 있다.

몸
비늘, 이빨, 부레(공기 주머니)가 없다.

배지느러미
배지느러미는 보트에 있는 '노'처럼 생겼다. 끝에는 먹잇감을 감지하는 센서가 있다.

서식지 : 세계 각지의 1,000m 심해

먹이 : 플랑크톤, 크릴(작은 새우)

🍴 **먹는다면?** 먹은 사례가 있는데 맛있다고 한다.

수심 : 200m~1,000m

몸길이 : 11m **체중** : 270kg

특징 : 세계 각지의 전설 속에 등장하는 거대 몬스터(바다큰뱀)의 모델이다.

연골어류 중에서 세계 최대 크기의 심해어다. 하지만 아직 심해에서 헤엄치는 모습이 발견되지 않은 미스터리한 물고기다. 5m나 되는 죽은 개체가 해변으로 올라온 적이 있으며, 지금까지 11m, 273kg이나 나가는 개체도 확인됐다.

131

주름상어

공룡 시대부터 살아온 원시 상어

어류 · 심해 생물

별명 : Frilled shark, Lizard shark 학명 : *Chlamydoselachus anguineus*

- 흉포성
- 진화도
- 미스터리
- 희귀성
- 변신력

이 점이 굉장하다! 쥐라기(1억 5천만 년 전)부터 같은 모습이다.

속도는 느리다
장어처럼 헤엄치며 속도가 느리다.

특수한 이빨
한 개의 이빨이 자잘하게 갈라져 있는데, 모두 300개 정도 있다. 민첩한 오징어도 놓치지 않는다.

수심 : 500m~1,000m

서식지 : 세계 각지의 1,000m급 심해

몸길이 : 2m **체중** : 18kg(암컷)

먹이 : 오징어, 문어, 해파리

특징
주름상어는 밤에 얕은 바다에서 먹이를 찾아다니고 낮에는 심해에서 산다고 추측하고 있다. 준멸종 위기종이다.

보통 상어는 코끝이 날카롭지만, 주름상어는 항시 입을 벌리고 있기 때문에 얼굴 모양이 특이해졌다. 거대한 입으로 커다란 먹이를 잡아먹지만 무는 힘은 세지 않다. 아가미가 크고, 치마 주름처럼 생겼다. 원시적인 상어의 특징을 많이 가지고 있다.

The World of Weird Creatures

알이 아닌 새끼를 낳는 태생으로, 임신 기간은 3년 반이나 된다. 척추동물 중 임신 기간이 가장 길다.

미지의 세상에서 살고 있다! 심해 생물

어류

환상 속 온순한 거대 상어
넓은주둥이상어

심해 생물

학명 : *Megachasma pelagios*

- 흉포성
- 진화도
- 미스터리
- 희귀성
- 변신력

이 점이 굉장하다! 여태 전 세계에서 50번 정도만 발견된 환상 속 상어다.

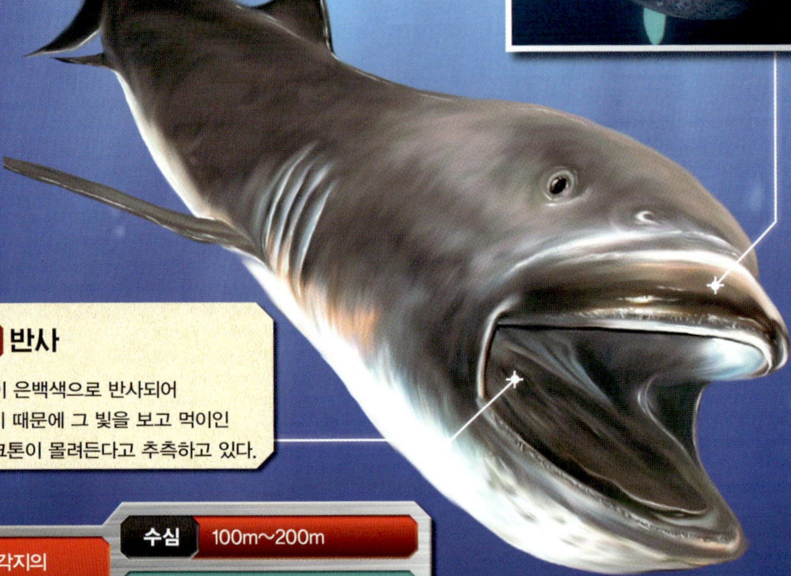

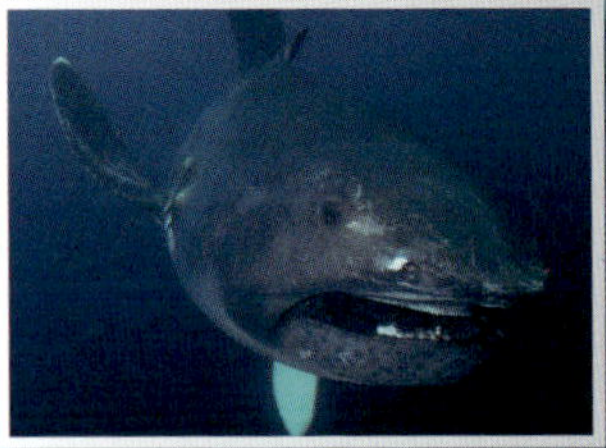

이빨
날카롭고 큰 이빨이 아니라 수 mm 크기의 줄 같은 이빨밖에 없다.

반사
입속이 은백색으로 반사되어 빛나기 때문에 그 빛을 보고 먹이인 플랑크톤이 몰려든다고 추측하고 있다.

서식지 : 세계 각지의 1,000m 심해

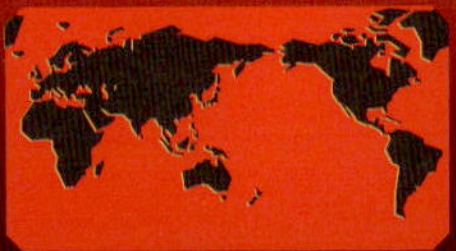

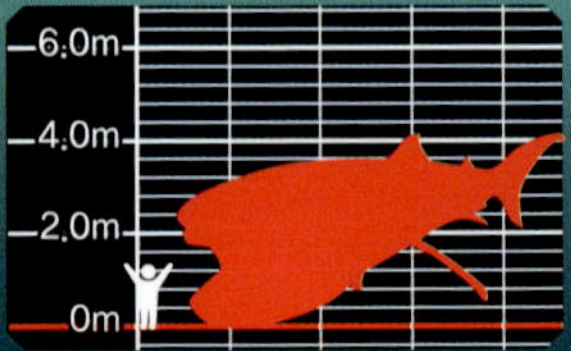

먹이 : 플랑크톤, 크릴(작은 새우)

수심 : 100m~200m

몸길이 : 5.5m **체중** : 1.2톤(암컷)

특징 : 20세기 후반까지 발견된 적이 없다는 점 자체가 기적이다.

모습은 무시무시하지만, 온순한 성격으로 작은 플랑크톤을 먹이로 삼는다. 주둥이는 넓고 둥글며 입의 크기는 최대 1.3m 정도로 매우 크고 이빨은 아주 작은 편이다. 1976년에 발견된 신종으로, 번식 방법이나 수명 등은 아직 밝혀지지 않았다.

무엇이든 잘라 먹는 심해 상어

카이트핀 샤크

어류

심해 생물

학명 : *Dalatias licha*

| 흉포성 | ■■■ | 진화도 | ■ | 미스터리 | ■■■ |
| 희귀성 | ■■ | 변신력 | ■ | | |

이 점이 굉장하다! 헤엄치는 속도는 느리지만, 먹보라 뭐든지 다 먹는다.

- 0m
- 500m
- 1000m
- 2000m
- 3000m

🛡 **비늘**
비늘 크기는 작지만, 가시처럼 변한 데다가 굉장히 딱딱하다.

미지의 세상에서 살고 있다! 심해 생물

➡ **잠수**
간에는 기름인 간유가 많아, 잠수할 때 부력을 조정하는 데 큰 도움을 준다.

수심 200m~600m

서식지 : 세계 각지 온난한 600m 심해

먹이
물고기, 작은 상어, 오징어, 문어, 새우, 해파리, 죽은 물고기
🍴 먹는다면? 간유 등

몸길이 : 1.5m **체중** : 8kg

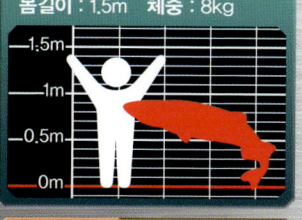

특징 무엇이든 잘라 먹는 습성이 있어서 해저에 있는 금속 케이블을 잘라 버린 흔적이 종종 발견된다.

원시적인 상어로 몸이 갑옷처럼 딱딱하다. 날카로운 이빨과 강력한 무는 힘으로 자기보다 큰 사냥감도 잘 잡는다. 새끼를 낳는 태생으로, 2년이라는 긴 시간 동안 임신한다. 생태에는 아직 밝혀지지 않은 부분이 많다. 현재 준멸종 위기종이다.

펠리칸처럼 큰 입을 지닌 물고기

펠리칸장어

어류 | 별명: 큰입장어 | 학명: *Eurypharynx pelecanoides*

 심해 생물

흉포성	■□□□□
희귀성	■■■□□
진화도	■■■□□
변신력	■■■■□
미스터리	■■■□□

이 점이 굉장하다! 거대한 입을 가진 괴물 같은 모습

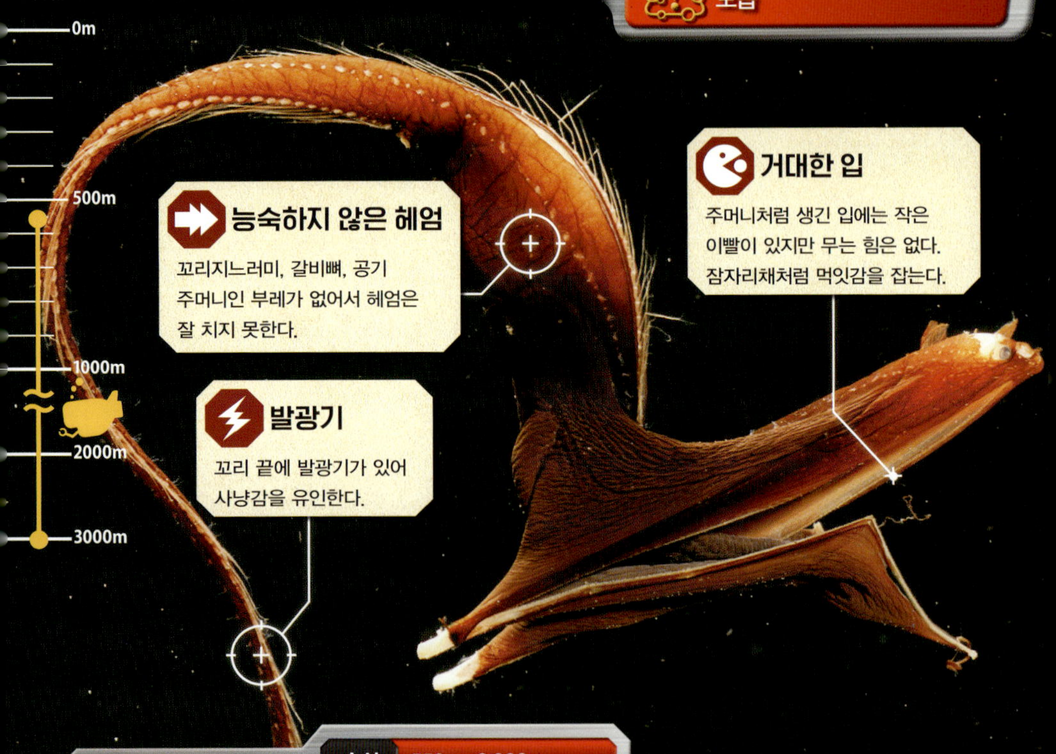

능숙하지 않은 헤엄
꼬리지느러미, 갈비뼈, 공기주머니인 부레가 없어서 헤엄은 잘 치지 못한다.

발광기
꼬리 끝에 발광기가 있어 사냥감을 유인한다.

거대한 입
주머니처럼 생긴 입에는 작은 이빨이 있지만 무는 힘은 없다. 잠자리채처럼 먹잇감을 잡는다.

수심: 550m~3,000m

몸길이: 1m

서식지: 세계 각지의 따뜻한 3,000m 심해

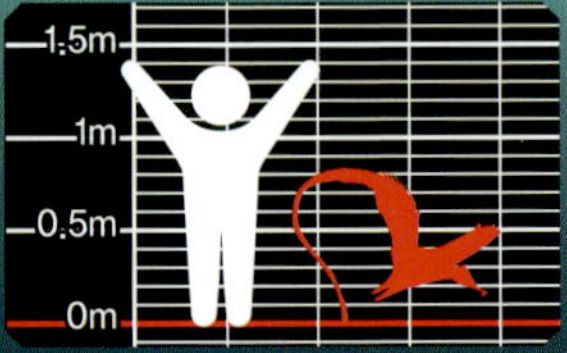

먹이: 플랑크톤, 새우, 작은 오징어

특징: 유체는 4cm밖에 안 되는데, 변태를 하면서 성장해 거대한 입을 갖게 된다.

펠리칸장어에 대해 알려진 게 극히 적다. 성체는 심해에서 살지만, 유체는 수심 100m 지점에서 산다. 먹잇감이 적은 심해에서 조금이라도 많이 잡아먹기 위해 펠리컨처럼 거대한 입을 갖게 됐다. 자기 몸의 3분의 2 정도 되는 먹이도 삼킬 수 있다.

실러캔스

궁극의 살아 있는 화석!

어류

학명 : *Latimeria chalumnae*

심해 생물

- 흉포성: ■□□□□
- 희귀성: ■■■□□
- 진화도: ■□□□□
- 변신력: ■□□□□
- 미스터리: ■■■■□

이 점이 굉장하다! 물고기가 육상 동물로 진화한 모습을 상상할 수 있다.

교미

새끼는 난태생으로 수컷은 생식기가 없어서 어떻게 교미를 하는지 수수께끼다.

지느러미

여덟 개의 지느러미가 있다. 가슴지느러미와 배지느러미가 네 다리로 변하여 이것으로 바닥을 길 수 있다.

- 0m
- 500m
- 1000m
- 2000m
- 3000m

미지의 세상에서 살고 있다! 심해 생물

헤엄

늑골(갈비뼈)이 없고 부레에도 공기가 아닌 기름이 차 있다. 거꾸로 서서 헤엄치는 것도 가능하다.

서식지 : 아프리카, 인도네시아의 700m 심해

먹이 : 물고기, 오징어

수심 : 40m~700m

몸길이 : 2m

특징
마다가스카르 원주민들은 기름기가 너무 많아 맛이 없어서 '쓸모없는 고기'라고 불렀다.

4억 년 전 초기에 발생한 경골어류로, 크게 번영하다가 6,500만 년 전에 공룡과 함께 멸종한 것으로 알려졌었다. 하지만 1938년에 실러캔스가 다시 발견되면서 과학계에 큰 충격을 안겼다. 콧구멍이 입안에 열려 있어 공기 호흡을 할 수 있다.

바티노무스 기간테우스

심해에 사는 세계 최대의 등각류

절지동물 | 별명 : Giant isopod | 학명 : *Bathynomus giganteus* | 심해 생물

- 흉포성 ■ ■
- 희귀성 ■ ■ ■
- 진화도 ■ ■
- 변신력 ■ ■

이 점이 굉장하다! 5년 동안 먹이를 먹지 않고도 살아남았다.

➡ 헤엄치다
일곱 쌍의 다리가 있다. 헤엄치는 데 사용한다.

◎ 시각
3,500개의 눈이 모인 복안은 절지동물 중에서는 최대의 수를 자랑한다.

서식지 : 멕시코만, 대서양 주위의 1,000m 심해

수심 200m~1,000m

몸길이 : 40cm

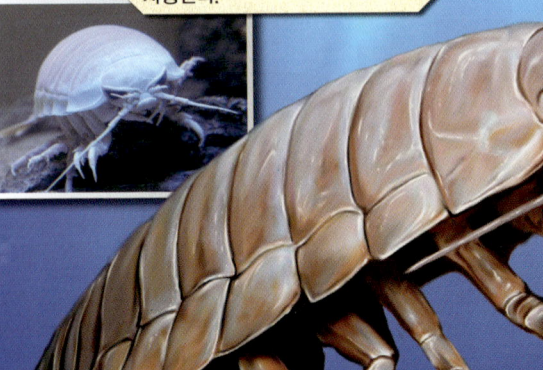

먹이
죽은 물고기나 죽은 고래

🍴 **먹는다면?** 일본에서 비슷한 종을 먹지만, 별로 맛은 없다.

특징 먹이를 구하기 힘든 여름보다 봄과 겨울에 주로 번식한다. 일반적인 바티노무스의 크기는 약 15cm 정도다.

등각류 중에서 세계 최대 몸길이로 무려 40cm나 된다. 심해에 가라앉은 죽은 고래 등을 먹는 '바다의 청소부'로 중요한 역할을 한다. 암컷에게는 주머니 비슷한 게 있어서 알을 넣고 다니며 키운다.

갑각류 | 세계 최대의 게
키다리게

별명 : Japanese spider crab 학명 : *Macrocheira kaempferi*

심해 생물

| 흉포성 | ■■□□□ | 진화도 | ■■□□□ | 미스터리 | ■■■□□ |
| 희귀성 | ■■□□□ | 변신력 | ■■■□□ | | |

이 점이 굉장하다!
식용으로 먹기도 하지만, 생태는 여전히 미스터리다.

미지의 세상에서 살고 있다! 심해 생물

등딱지
어린 개체의 등짝지에는 털이나 가시가 있지만 크면서 사라진다.

산란
암컷은 봄에 0.8mm 크기의 알 130만 개를 배에 품고 3개월 동안 지낸다.

서식지 : 일본 근해의 800m 지점의 심해

먹이
죽은 물고기, 해초

🍴 **먹는다면?** 시즈오카현에서 먹을 수 있다.

수심 150m~800m

몸길이 : 길이 40cm, 다리 포함 3m

특징 1,200만 년 전 화석에 가까운 개체를 발견했다. 대게와 높은다리게의 친척으로 식용으로도 삼는다.

지구에 존재하는 절지동물 중에서도 세계 최대급으로 큰 개체는 다리를 포함하면 3m를 넘는다. 진흙이 많은 해저를 쉽게 이동하기 위해 다리가 길어졌다. 몸이 커서 탈피하는 데 6시간 이상 걸린다. 등딱지 뒷부분이 터지면서 오래된 껍질을 벗는다.

그림포테우티스

아기 코끼리 '덤보'가 심해를 헤엄쳐 다닌다

연체동물 | 별명: 덤보문어 | 학명: Grimpoteuthis

심해 생물

- 흉포성 ■
- 진화도 ■■
- 미스터리 ■■■
- 희귀성 ■■
- 변신력 ■

이 점이 굉장하다! 우산처럼 생긴 문어

지느러미
귀로 보이는 부분은 사실 지느러미로 방향을 바꿀 때 유용하게 사용한다.

발광
빛으로 먹잇감을 유인할 수 있다.

가시와 막
빨판이 없는 대신 말랑말랑한 가시가 나 있다. 다리 사이에 있는 막을 펼쳐서 물속을 떠다닌다.

서식지: 동태평양의 300~2,000m 심해

수심: 300m~2,000m

몸길이: 1m

먹이: 새우 등
먹는다면? 맛이 없다. 냄새가 고약하다.

특징: 심해에 사는 문어는 먹물을 쏘지 않는다. 빛이 닿지 않아 늘 어둡기에 굳이 눈앞을 흐릴 필요가 없어서다.

깔때기로 물을 뿜으며 앞으로 움직이고 방향을 바꿔야 할 때는 '귀'를 사용한다. 그 모습이 마치 하늘을 나는 아기 코끼리 덤보를 닮았다 하여 '덤보문어'라고도 불린다. 이따금 심해 바닥에 몸을 웅크리고 가만히 있는 모습이 발견된다.

긴팔오징어

유령처럼 빛나는 환상 속 오징어

심해 생물

별명 : 유령오징어 학명 : *Chiroteuthis picteti*

연체동물

| 흉포성 | | | 진화도 | | | 미스터리 | |
| 희귀성 | | | 변신력 | | | | |

이 점이 굉장하다!
생태에 대해 알려진 게 거의 없다.

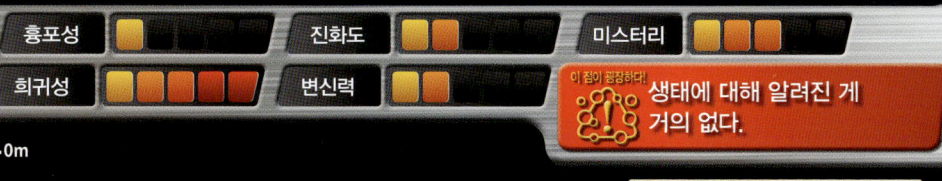

➡ **떠다니다**
온몸이 해파리처럼 한천질로 이루어져 있어 부드러우며 헤엄을 잘 치지 못해 유령처럼 흐느적거리며 떠다니듯이 움직인다.

미지의 세상에서 살고 있다! 심해 생물

⚡ **발광기**
눈 주위와 다리에 발광기가 있어 빛을 내보낸다.

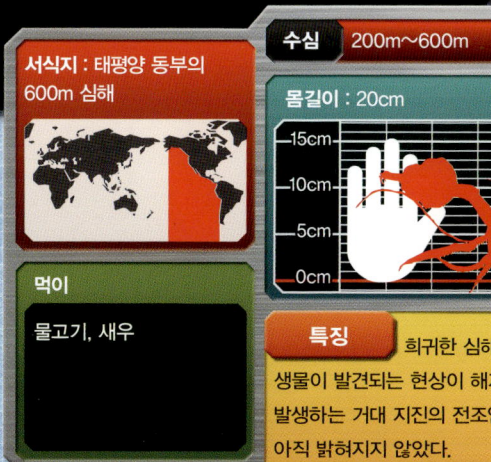

서식지 : 태평양 동부의 600m 심해	수심 200m~600m
	몸길이 : 20cm
먹이 물고기, 새우	특징 희귀한 심해 생물이 발견되는 현상이 해저에서 발생하는 거대 지진의 전조인지 아직 밝혀지지 않았다.

태평양 동부 600m 심해에서 사는 오징어다. 지금까지 조사용 심해 잠수정으로도 발견하지 못했으나, 2012년 일본에서 세계 최초로 포획하였다. 10개의 다리 중에서 두꺼운 다리와 가는 다리가 두 개씩 있는 게 특징이다.

141

멸종한 암모나이트의 사촌
앵무조개

연체동물 · 심해 생물

학명 : Nautilus pompilius

흉포성	진화도	미스터리
희귀성	변신력	

이 점이 궁금해요! 껍질이 있는 문어?

시각
오징어나 문어와 달리 눈에 렌즈가 없다. 그래서 시력이 나쁘다.

촉수
촉수는 90개 정도 있으나 빨판은 없다.

분사
헤엄칠 때는 촉수를 쓰지 않고 촉수 밑에 있는 깔때기로 물을 뿜으며 나아간다.

서식지 : 남태평양~호주 600m 심해

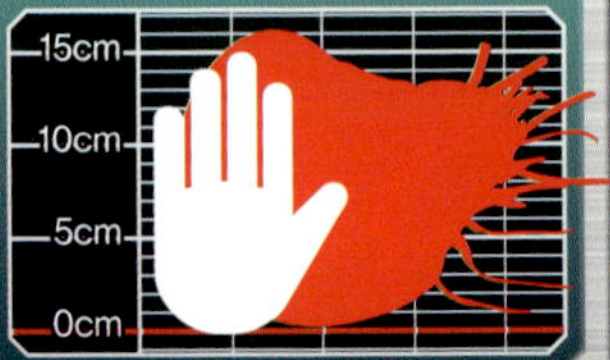

먹이 : 죽은 물고기, 갑각류의 탈피한 껍데기

수심 : 100m~600m

몸길이 : 껍데기 길이 20cm

특징 : 조개류 중에는 조개 지름이 2.5m나 되는 것도 있다.

5억 년 전에 처음 출현한 이래 모습이 거의 변하지 않아, '살아 있는 화석'이라 불린다. 고둥처럼 보이지만 껍데기 안은 작은 벽으로 구분되어 있다. 그곳에 물과 공기를 집어넣어 뜨거나 가라앉는다. 사촌인 암모나이트는 어찌 된 일인지 공룡과 함께 멸종했다.

서관충

뜨거운 온도에 가장 잘 버틸 수 있는 동물

환형동물

별명 : Tube worm 학명 : *Lamellibrachia*

심해 생물

- 흉포성
- 희귀성
- 진화도
- 변신력
- 미스터리

이 점이 굉장하다! 심해 화산을 이용해 영양분을 만드는 수수께끼의 생물

공생 박테리아
몸 안에 공생하는 박테리아가 있다. 박테리아가 유독한 황화수소로 만든 유기물을 영양분으로 삼는다.

미지의 세상에서 살고 있다! 심해 생물

튜브
튜브 모양의 딱딱한 껍질을 만들며 끝에 붉은 아가미가 나와 있다. 색이 붉은 건 철분 때문이다.

사진 : Charles Fisher

서식지 : 일본 근해, 태평양 심해 화산

먹이: 황화수소

수심: 100m~5,000m

몸길이: 20cm~3m

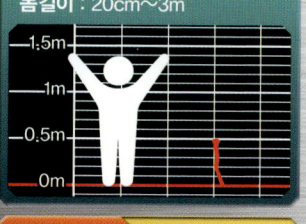

특징: 1977년에 갈라파고스 제도 심해에서 잠수정이 발견했다.

심해 400m 지점, 80도 이상 되는 뜨거운 물을 분출하는 화산 근처에서 군집 생활을 하는 갯지렁이의 일종이다. 동물이지만 사냥을 하지는 않는다. 식물이 광합성을 하는 것처럼 유독한 황화수소로 영양분을 만든다.

143

큰 입 요괴가 나타났다?

큰입멍게 (일본명)

마삭동물

별명 : 포식멍게　학명 : *Megalodicopia hians*

심해 생물

- 흉포성
- 진화도
- 미스터리
- 희귀성
- 변신력

이 점이 굉장하다!
육식성 멍게

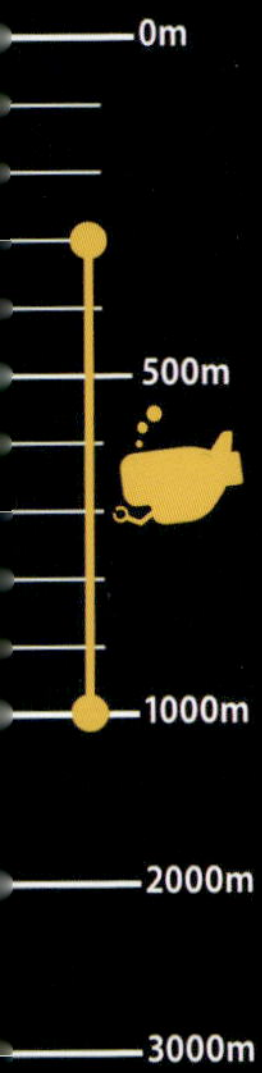

0m
500m
1000m
2000m
3000m

출수공
바닷물을 내뿜는 출수공은 작은 굴뚝 모양으로 거대한 입 위에 있다.

입수공
거대한 입처럼 보이는 부분은 바닷물을 받아들이는 입수공이다. 플랑크톤을 집어삼킨 뒤 먹는다.

서식지 : 태평양과 남극해 1,000m 심해

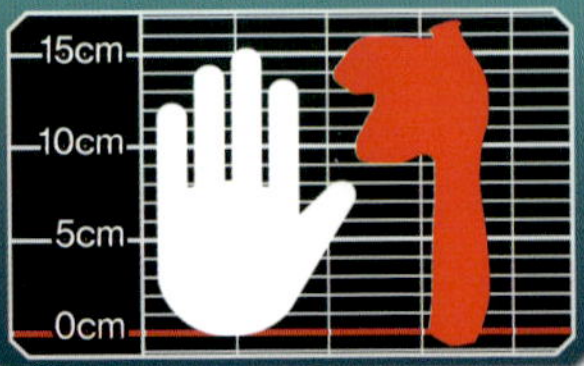

먹이
동물 플랑크톤, 새우

수심 300m~1,000m

몸길이 : 15cm

특징 건드리면 몸 안에 있던 바닷물을 전부 토하고 작아진다. 진화의 열쇠를 쥔 멍게를 전 세계적으로 연구하고 있다.

멍게는 모든 척추동물의 먼 조상에 해당한다. 큰입멍게는 보통 암석 등에 붙어 움직이지 않지만 모래 속에 반쯤 묻혀서 사는 경우도 많다. 조류를 타고 떠다니던 작은 플랑크톤이 안으로 들어오면 입을 닫아 버린다.

6장
반드시 속고 만다!
의태 생물

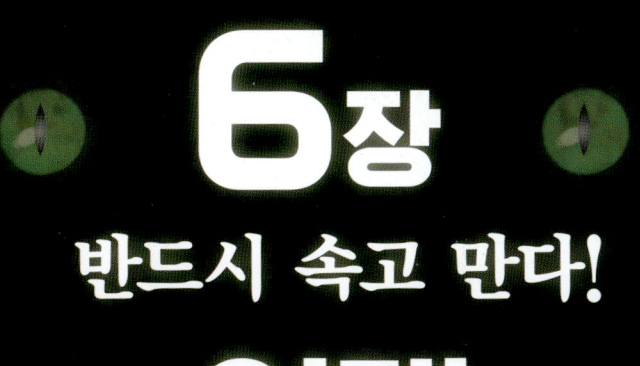

흉내문어

순식간에 수십 종류의 생물로 변한다

연체동물

별명 : Mimic octopus　학명 : *Thaumoctopus mimicus*

의태 생물

- 흉포성 ■■
- 진화도 ■■■
- 미스터리 ■■■
- 희귀성 ■■■
- 변신력 ■■■■

이 점이 굉장하다! 외모뿐만 아니라 움직이는 모습도 똑같다!

의태
평소에는 흑백 줄무늬인데 눈으로 판단해서 색소를 바꿔 몸 색이나 모습을 변화시킨다.

시각
무척추동물인 조개에 가까운 종류지만 진화한 척추동물과 같은 눈을 지녔다.

서식지 : 인도네시아~호주 북동부 주위의 얕은 바다

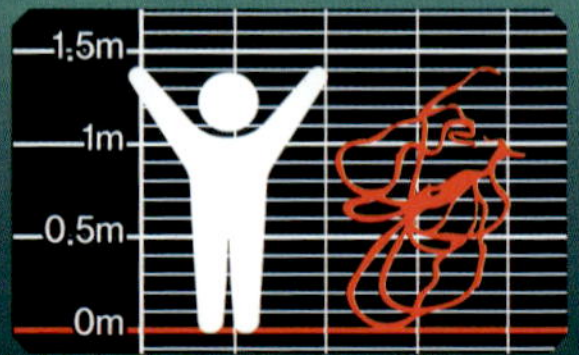

먹이 : 작은 물고기, 조개류

몸길이 : 60cm

특징
색이나 모양을 바꾸는 능력이 탁월하다. 움직임이나 헤엄치는 모습까지 똑같이 흉내 내는 게 대단하다.

1998년에 발견한 새로운 종이다. 바다뱀, 넙치, 쏠배감펭, 해파리, 말미잘 등 수십 가지 생물의 모습으로 변할 수 있다. 주로 강한 생물로 모습을 바꿔 천적에게 공격당하지 않는 게 목적이다. 서식지가 허허벌판 모래밭이기 때문이다.

The World of Weird Creatures

사진은 다리를 구불구불 비틀어서 바다뱀으로 의태한 모습이다.

반드시 속고 만다! 의태 생물

다리를 가지런히 모아 넙치의 납작한 몸을 따라 했다.

어류

아빠가 '출산'하는 물고기
나뭇잎해룡

의태 생물

학명: *Phycodurus eques*

| 흉포성 | ■■□□□ | 진화도 | ■■■□□ | 미스터리 | ■■■■□ |
| 희귀성 | ■■■□□ | 변신력 | ■■■□□ | | |

이 점이 굉장하다! 해초처럼 생긴 바다의 용

의태
해초처럼 보이는 부분은 피부가 바뀐 것으로 피판이라고 한다.

흡입하다
빨대처럼 생긴 길고 가는 입으로 플랑크톤이나 작은 물고기를 바닷물째 빨아들여 먹는다.

헤엄치다
주로 등지느러미로 헤엄친다. 해초가 조류를 따라 흔들리는 것처럼 천천히 움직인다.

서식지: 호주 남서부 얕은 바다

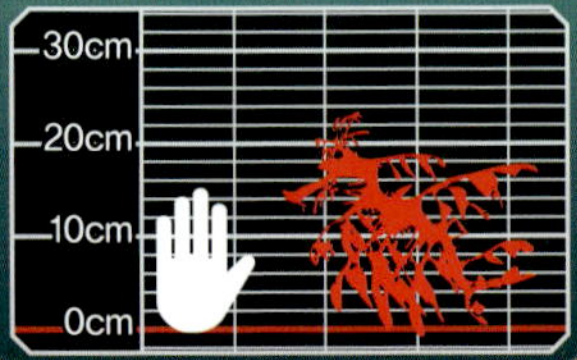

먹이: 플랑크톤, 작은 물고기

몸길이: 30cm

특징: 수컷의 배에 육아낭이 있어 암컷이 수컷의 배에 산란하면 수컷이 알이 부화할 때까지 지키며 '출산'까지 한다.

호주에 서식하는 해마의 일종이다. 온몸의 피부가 갈라져 나와 미역 같은 해초로 의태한다. 적의 눈으로부터 자신을 보호할 뿐만 아니라 먹잇감인 플랑크톤이나 작은 물고기가 은신처로 착각해 오기를 기다린다.

마타마타거북

파충류 | 건초인 척하는 '웃는' 거북

의태 생물

학명: *Chelus fimbriatus*

흉포성	■■□□□	진화도	■■□□□	미스터리	■■■□□
희귀성	■■■□□	변신력	■■■■□		

이 점이 굉장해! 화살표 비슷한 머리를 지닌 거북

감각 기관
목에 돌기 같은 감각 기관이 있어 물속 물고기의 움직임을 파악한다. 눈앞에 사냥감이 오면 거대한 입으로 단숨에 흡입한다.

사진: Justin

스노클
화살표처럼 생긴 머리 모양으로 코끝이 스노클 역할을 하여 오랜 시간 물속에 있을 수 있다.

머리
머리를 이 안으로 집어넣을 수 있다.

반드시 속고 만다! 의태 생물

서식지: 남미 아마존강, 오리노코강

먹이: 물고기
먹는다면? 굉장히 맛이 없다.

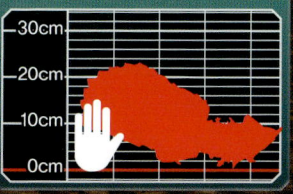
몸길이: 45cm

특징: 남미 원주민 말로 '피부'를 뜻하는 이름이다. 목 밑에 있는 돌기(감각 기관)를 가리킨다.

밤에 활동하고 연못이나 강에 서식한다. 특이하게 목을 옆으로 구부려 넣는다. 마른 잎과 비슷한 모양으로 시야가 흐린 물속에서도 물고기를 찾을 수 있다. 온화한 성격이며 입 모양이 마치 웃는 것처럼 보인다.

파충류

마른 잎인 척하는 악마 도마뱀붙이

사탄나뭇잎꼬리도마뱀붙이

의태 생물

학명 : *Uroplatus phantasticus*

흉포성	■■	진화도	■■	미스터리	■■
희귀성	■■	변신력	■■		

이 점이 굉장하다!
눈 위에 뿔이 난 '악마의 하수인'

◎ 시력
눈은 고양이처럼 빛을 조절할 수 있으며, 밝은 곳에서는 눈동자가 세로로 가늘어지고, 어두운 곳에서는 둥그렇게 커진다.

🛡 의태
눈 위에 난 가시 형태의 뿔 비슷한 돌기가 있는데, 이는 마른 나뭇가지처럼 보인다.

🛡 의태
발가락 끝에는 정전기를 이용한 빨판이 있어 뒷다리만으로 나뭇가지에 매달릴 수 있으며 가만히 있으면 마치 나뭇잎처럼 보인다.

서식지 : 아프리카, 마다가스카르섬의 숲

먹이
곤충, 절지동물

몸길이 : 10cm

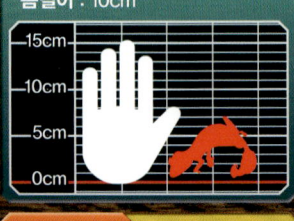

특징
현지에서는 '악마의 하수인'이라며 싫어한 탓에 야생 개체가 급감했다. 현재는 최선을 다해 보호 중이다.

구둣주걱처럼 생긴 납작한 꼬리는 마른 나뭇잎처럼 보이는데, 벌레 먹은 구멍까지도 똑같이 재현한다. 눈 위에 난 작은 뿔 때문에 악마를 연상시킨다 하여 사람들에게 미움을 받았지만, 사실 인간에게 해를 끼치는 해충을 잡아먹는 이로운 동물이다.

넓은부리쏙독새

나무로 의태하는 야행성 새!

조류 | 의태 생물

별명 : Frogmouth 학명 : *Podargidae*

- 흉포성: ▮▮
- 진화도: ▮▮▮
- 미스터리: ▮▮▮
- 희귀성: ▮▮▮
- 변신력: ▮

이 점이 굉장하다! 매도 부엉이도 아닌 미스터리한 새

반드시 속고 만다! 의태 생물

의태
나무껍질 색과 비슷한 날개 색을 지녔는데, 낮에는 나뭇가지에 몸을 붙이고 꿈쩍도 하지 않는다.

포식
커다란 입을 벌린 채 날아다니다가 벌레를 빨아들여 목주머니에 저장한 뒤 둥지로 가져간다.

걷기가 힘들다
발가락이 작아서 걷기 힘들어한다.

서식지 : 호주, 뉴기니, 동남아시아

먹이 : 곤충

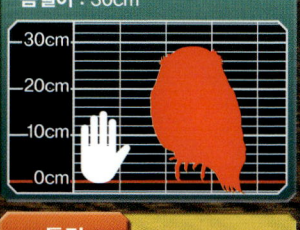

몸길이 : 30cm

특징 밤에는 암컷이, 낮에는 수컷이 새끼를 키운다. 서식지가 줄어들고 있어 현재는 준멸종 위기종이다.

호주와 동남아시아에 서식하는 새다. 날개 색이 나무껍질과 비슷하고, 낮에는 나뭇가지에 몸을 숨긴 채 휴식을 취하다가 밤에 돌아다니는 보기 드문 야행성 조류다. 일본에서는 '밤매'라고 부르지만, 매와는 상관이 없다.

난초사마귀
꽃이 된 사냥꾼

곤충

별명 : 꽃사마귀　학명 : *Hymenopus coronatus*

흉포성	■■■	진화도	■■■	미스터리	■■
희귀성	■■	변신력	■■■		

이 점이 굉장하다! 사냥감이 좋아하는 꽃인 척하다가 잡아먹는다.

낫
가만히 사냥감을 기다리다가, 사냥감이 나타나면 분홍색 낫으로 잡는다. 사냥 속도는 0.03초다.

의태
눈은 세로로 길고 가늘며, 난꽃의 수술과 암술로 의태한다. 꽃잎처럼 몸 색이 옅다.

서식지 : 동남아시아 초원

먹이
곤충

몸길이 : 수컷 3cm, 암컷 7cm

특징
자외선을 반사하지 않고 흡수하는 특수한 몸이라 자외선을 볼 수 있는 나비도 이 사마귀를 발견하기 어렵다.

몸
통과 다리가 특히 꽃잎을 닮았다. 허물벗기를 거듭하면서 몸 색깔이 환경과 일치하게 변한다. 겨울이 없고 1년 내내 꽃이 피는 지역에 사는 사마귀가 생존을 위해 나름대로 진화한 것으로 추측하고 있다.

말레이시아뿔개구리

뿔이 난 낙엽 빛깔의 개구리

의태 생물

양서류

별명 : Long-nosed horned frog 학명 : *Megophrys nasuta*

- 흉포성
- 희귀성
- 진화도
- 변신력
- 미스터리

이 점이 굉장하다! 감쪽같은 위장색이 만들어 낸 걸작품

입
입의 크기가 몸의 약 3분의 2나 된다. 커다란 먹잇감은 안구 뒤쪽으로 쑤셔 넣는다.

걷다
점프하기, 나무 오르기, 헤엄치기 등에 능숙하지 않아 걸어서 이동한다.

반드시 속고 만다! 의태 생물

의태
뿔처럼 보이는 건 눈꺼풀 피부가 변한 것이다.

서식지 : 동남아시아 삼림

먹이
곤충, 민달팽이, 달팽이, 작은 동물

몸길이 : 14cm

특징 몸이 낙엽색을 띠고 있을 뿐만 아니라, 등에 벌레가 잎에 만드는 혹과 비슷한 뼈 돌기가 있다.

동남아시아 숲에 서식하며 낙엽으로 의태한 개구리다. 몸 표면이 낙엽색을 띠고 있으며 눈 위에도 나뭇잎 끄트머리처럼 보이는 뿔이 나 있다. 낮에는 낙엽에 숨어 쉬다가 밤이 되면 먹잇감을 찾으려고 움직인다. 하지만 그다지 빠른 편은 아니다.

곤충

세계 최대의 여치
큰마른잎여치 (일본명)

별명 : Giant bush cricket   학명 : *Arachnacris corporalis*

의태 생물

| 흉포성 | ■ | 진화도 | ■■ | 미스터리 | ■■ |
| 희귀성 | ■■■ | 변신력 | ■■ | | |

 이 점이 굉장하다!
여치과는 잎으로 의태한다.

🛡 의태
잎맥과 시든 부분까지 똑같아 완벽하게 몸을 숨길 수 있다. 초록색과 갈색 두 종류가 있다.

❗ 소리
위험을 느끼면 귀를 막고 싶을 정도로 큰 소리로 "찌르르, 찌르르!" 하는 굉음을 낸다. 암컷은 물론 수컷도 소리를 낸다.

🎯 귀
소리를 듣는 귀는 두 개의 앞발에 붙어 있다.

서식지 : 말레이시아 삼림

먹이
식물 잎

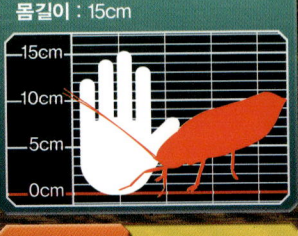
몸길이 : 15cm

특징 메뚜기목은 애벌레 시기가 없이 알에서부터 성체와 비슷한 모습으로 태어나 탈피하면서 성장한다.

세계 최대 크기의 여치의 일종이다. 메뚜기에 속하는 곤충은 일반적으로 구애할 때만 날개를 비벼 소리를 내지만, 큰마른잎여치는 적을 쓰러뜨릴 목적으로 굉음을 낸다. 메뚜기목 중에선 점프력이 약한 편이다.

주홍박각시

뱀과 똑 닮은 유충

곤충

별명 : Elephant hawk-moth 학명 : *Deilephila elpenor*

의태 생물

- 흉포성 ■
- 진화도 ■■
- 미스터리 ■■
- 희귀성 ■■
- 변신력 ■■■■

이 점이 굉장하다!
천적의 '천적'인 척한다.

의태
머리 모양을 교묘히 뱀과 똑같은 모습으로 바꾼다.

유충
아무 변신도 하지 않은 평소 유충의 모습

사진 : NaturKamera

사진 : Eirian-Evans

성충
성충이 되면 분홍색을 띤 거대한 나방이 된다.

반드시 속고 만다! 의태 생물

서식지 : 유럽, 동아시아 숲

먹이
큰달맞이꽃, 봉선화

몸길이 : 75mm

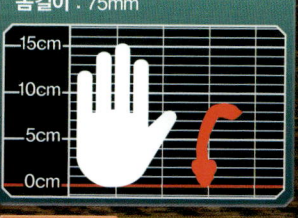

특징
뱀이 목을 쳐든 모습이나 혀를 내민 동작을 흉내 낼 수 있다. 이것을 본 작은 새는 뱀이라고 생각해 도망친다.

유럽이나 동아시아에 서식하는 나방 유충이다. 우리나라에도 서식한다. 굉장히 큰 유충으로, 평소에는 코끼리 코 같지만 포즈를 취하면 마치 뱀 머리처럼 보인다. 눈동자처럼 보이는 부분은 진짜가 아닌 무늬다.

의태하는 다양한 생물들

한 생물이 다른 생물로 변신하거나 주변 환경에 녹아드는 행위를 '의태'라고 한다. 의태에는 몇 가지 종류가 있다.

주위 환경에 녹아들다

주위 환경과 같은 색이나 모양을 하여 천적의 눈을 피한다. 육식 동물 중에는 먹이를 잡기 위해 사냥감이 눈치채지 못하도록 환경에 녹아든 경우도 있다.

투명해지다

상어가죽꽈리오징어(일본명)
학명/*Cranchia scabra*

몸을 투명하게 한 뒤 주위에 녹아들어 몸을 숨긴다. 하지만 투명하게 바꿀 수 있는 부분, 크기, 움직임에 제약이 있다.

몸 색을 바꾸다

카멜레온 학명/*Chamaeleonidae*

주위에 있는 잎이나 나뭇가지 색과 같은 색으로 순식간에 변하여 천적이나 사냥감의 눈을 속인다. 카멜레온이나 청개구리 등이 변신의 귀재로 유명하다.

땅이나 모래 색이 되다

사진: Moondigger

넙치 학명/*Paralichthys olivaceus*

흙색, 모래 모양 등과 같은 생김새로 적의 눈을 속인다. 단, 몸 생김새와 다른 장소로 이동하면 단박에 눈에 띈다.

눈 색이 되다

북방족제비 학명/*Mustela erminea*

눈이 오는 곳에서 사는 동물은 털이나 깃털이 새하얗게 변한다. 눈이 오지 않는 계절에는 바위나 흙과 비슷한 색으로 바뀐다.

그림자를 만들다

사진: Morningdew

여섯줄어름돔(일본명)
학명/*Plectorhinchus orientalis*

호랑이
학명/*Panthera tigris*

풀 그림자와 섞인 호랑이 무늬. 물고기의 화려한 줄무늬는 몸의 윤곽을 흐트러뜨리는 분단색으로 되어 있다.

다른 생물인 척하다

다른 생물의 색이나 형태를 그대로 흉내 내서 천적을 속이는 작전이다. 생김새뿐만 아니라 움직임도 똑같이 흉내 내는 경우도 있다.

식물을 흉내 내다

학명/*Phyllium pulchrifolium* 사진: Markus A. Hennig

넓적팔녹색나뭇잎벌레
곤충류, 그중에서도 메뚜기나 대벌레는 색뿐만 아니라 모양도 잎이나 나뭇가지와 똑같다. 이동할 때도 잎이 바람에 흔들리는 것처럼 걷는다.

천적의 천적을 흉내 내다

사진: Darkone

공작나비 학명/*Inachis io*
나비를 잡아먹는 작은 새들의 천적은 부엉이 같은 육식 조류다. 그래서 날개에 부엉이 눈동자 무늬를 넣어 천적인 새들을 쫓아낸다.

약점을 극복하는 눈동자 무늬

정면   뒷면

학명/*Glaucidium passerinum*   사진: Tim from Ithaca

난쟁이올빼미
야행성인 올빼미는 낮에 잠을 자고 있을 때도 깨어 있는 척하려고 뒷머리에 눈동자 무늬가 있다. 킹코브라도 배 뒤에 눈동자 무늬가 있어서, 마치 노려보는 것처럼 보인다.

사진: Nireekshit

킹코브라
학명/*Ophiophagus hannah*

개미나 벌인 척하다

▲ **뿔매미과**
학명/*Membracidae*

불개미거미 ▶
학명/*Myrmarachne japonica*

개미나 벌은 이빨이나 독침이 있어서 피하려는 동물이 꽤 많다. 그래서 개미나 벌인 척하여 천적의 눈을 속이는 경우도 있다.

의태하는 건 아니지만 닮은 생물도 있다!

조상이 전혀 다른데도 같은 환경에 적응하며 살다가 모습이 비슷해진 경우가 있다. 이를 수렴진화라고 한다.

흙 속 환경
땅강아지 / 두더지
사진: Eszter Ko vács
사진: Cevokreb
사진: Matthias Kabel

곤충인 땅강아지는 두더지와 습성이 같은데, 구멍을 파는 앞발 모양도 똑같다.

헤엄치는 환경
상어(어류)와 돌고래(포유류)

하늘을 나는 환경
참새(조류)와 박쥐(포유류)

경고하다

독이나 침을 가진 생물은 자신을 잡아먹는 새, 포유류, 파충류에게 자신이 위험하다는 것을 상기시키려고 화려한 색을 보이는 경우가 있다. 이런 색이나 무늬를 '경고색'이라고 한다.

먹어도 맛이 없다

사진: Dominik Stodulski

칠성무당벌레
학명/*Coccinella septempunctata*

냄새가 고약하거나 맛이 써서 먹어도 맛이 없다는 점을 천적에게 상기시키기 위해 붉은색을 띠고 있다.

쏘이면 아프다

장수말벌
학명/*Vespa mandarinia*

거대한 침과 강한 독을 가졌다는 사실을 천적인 동물에게 알리려고 눈에 띄는 노란색과 검은색의 줄무늬를 지녔다.

거짓 경고

산호뱀(독이 있음)
학명/*Micrurus fulvius*

밀크뱀은 코브라의 일종이자 맹독을 지닌 산호뱀의 경고색을 흉내 낸다. 그 덕에 독이 없는데도 다른 동물들이 무서워한다.

밀크뱀(독이 없음)
학명/*Lampropeltis triangulum*

왜 의태를 할까?

생물의 진화는 '이렇게 되고 싶다!'라는 마음에 스스로 노력한 결과, 몸의 형태가 바뀐 게 아니다. 돌연변이가 가진 새로운 특징이 환경과 잘 어우러지면 그대로 살아남지만, 그게 아니라면 멸종할 수밖에 없기 때문이다. 이렇게 우연이 쌓이다가 까마득한 세월이 흐른 뒤 나타난 결말이 바로 의태라는 현상인 셈이다.

7장
종잡을 수 없다!
매우 희한한 생물

오카피

세계 3대 진귀한 동물! 목이 짧은 기린

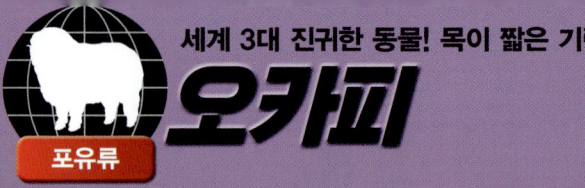

포유류

학명 : *Okapia johnstoni*

- 흉포성
- 진화도
- 미스터리
- 희귀성
- 변신력

이 점이 굉장하다!
숲의 귀부인이라고 불린다.

뿔
머리에는 기린처럼 머리뼈가 길게 나 있어 털로 덮인 뿔이 두 개 있다.

혀
기린처럼 30cm 이상의 긴 혀로 물건을 잡을 수 있다. 보라색 혀를 갖고 있다.

발굽
발굽의 수는 기린과 마찬가지로 2개. 당나귀나 말은 1개.

서식지 : 중앙아프리카 열대 우림

먹이
나뭇잎

몸길이 : 2.5m **체중** : 230kg

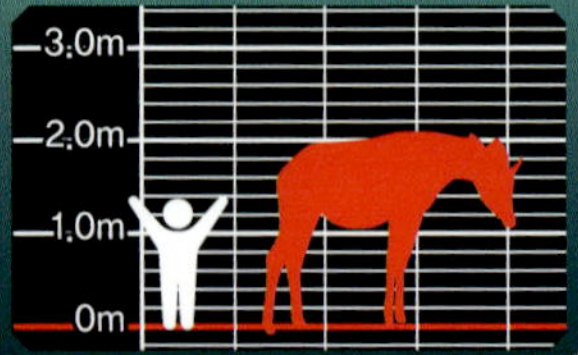

특징
현재 전 세계에서 약 40마리 정도 사육하고 있다.

대왕판다, 애기하마와 함께 세계 3대 진귀한 동물로 꼽힌다. 얼룩말과 비슷하게 생겼지만, 목이 짧았던 기린 조상의 특징이 남아 있다. 자기가 밟은 나뭇잎 소리에 놀라 넘어진다는 소문이 있을 만큼 경계심이 강하다. 그 덕에 1900년대에 들어서서 발견되었다.

사불상

야생에서는 멸종, 현재는 동물원에만 있는 신의 짐승

포유류

학명 : *Elaphurus davidianus*

- 흉포성
- 희귀성
- 진화도
- 변신력
- 미스터리

이 점이 굉장하다! 사슴, 말, 소, 당나귀를 합친 듯한 환상의 동물이다.

 뿔
수컷만 뿔이 나는데, 매년 초봄에 뿌리부터 떨어졌다가 새로운 뿔이 자란다.

 무리 지어 번식
사불상은 무리가 없으면 번식을 제대로 하지 못한다. 낳는 새끼도 단 한 마리뿐이다.

종잡을 수 없다! 매우 희한한 생물

 커다란 발굽
사슴에 속하지만, 발굽이 소처럼 크고 폭도 넓어서 늪지에서도 잘 다닌다.

서식지 : 중국 북부~중앙부의 늪과 연못 근처

먹이
풀, 나뭇잎

몸길이 : 2.2m 체중 : 180kg

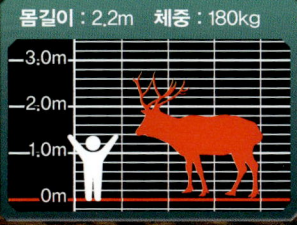

특징
야생에서 멸종한 뒤, 한 영국 귀족이 비밀리에 사육하던 18마리를 발견하여 기적적으로 부활시켰다.

사슴처럼 생긴 뿔, 소와 비슷한 발굽, 말처럼 생긴 머리, 당나귀와 비슷한 꼬리 등 네 종류 동물의 특징을 모두 갖추고 있어 정체가 모호하다는 뜻에서 '사불상(四不像)'이라는 이름이 붙었다. 현재 전 세계에서 1,000마리 정도가 사육되고 있다.

고라니

포유류

육식 동물의 송곳니를 지닌 환상의 사슴

학명 : *Hydropotes inermis*

흉포성	■■■□□	진화도	■□□□□	미스터리	■■■□□
희귀성	■■■■□	변신력	■■■■□		

이 점이 굉장하다! 뿔이 나기 전의 원시적인 사슴

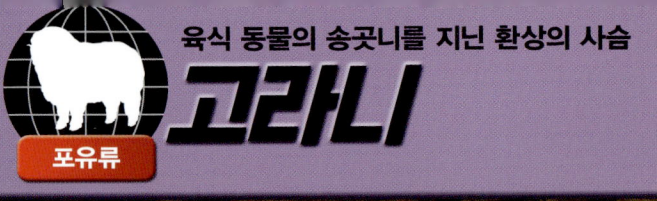

헤엄
발굽의 폭이 넓어 늪지대에서도 발이 안 빠지고 헤엄도 잘 친다.

송곳니
수컷은 8cm의 커다란 송곳니가 있어, 천적인 호랑이나 곰 혹은 라이벌 수컷과 송곳니로 싸울 때도 있다.

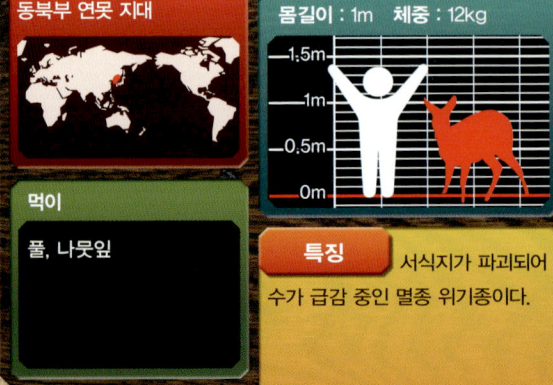

서식지 : 한반도~중국 동북부 연못 지대

몸길이 : 1m **체중** : 12kg

먹이
풀, 나뭇잎

특징
서식지가 파괴되어 수가 급감 중인 멸종 위기종이다.

한반도 주위에 서식하는 사슴으로 암수 모두에게 뿔이 없다. 대신 초식 동물이면서 수컷은 거대한 송곳니가 있다. 하지만 몸집이 작은 데다가 겁도 많아서 송곳니를 무기로 쓰는 일은 드물다. 이 이빨을 뿔이 생기기 전 사슴의 원시적인 특징으로 보고 있다.

포유류 중에서 유일하게 꿀이 주식인 희귀 동물

꿀주머니쥐

포유류

학명 : *Tarsipes rostratus*

| 흉포성 | ■□□□□ | 진화도 | ■■□□□ | 미스터리 | ■■■□□ |
| 희귀성 | ■■■□□ | 변신력 | ■□□□□ | | |

이 점이 굉장하다! 꽃의 꿀을 빨아먹기 쉽게 발달한 입

꼬리
꼬리가 몸보다 길며 나뭇가지에 거꾸로 매달릴 수도 있다.

발볼록살
발은 영장류처럼 물건을 잡을 수도 있고, 발가락 끝에는 발볼록살도 있다.

혀
22개의 이빨은 작아서 단단한 건 물지 못한다. 혀끝이 브러시 모양이라 꿀을 핥아먹을 수 있다.

종잡을 수 없다! 매우 희한한 생물

서식지 : 호주 남서부 숲

먹이 : 유칼리 꽃의 꿀, 꽃가루

몸길이 : 10cm　**체중** : 15g
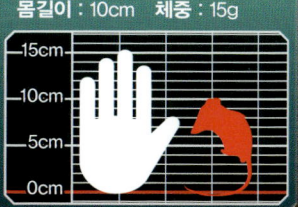

특징 : 2,000만 년 전 꽃을 피우는 식물이 많았던 시대에 진화했을 것으로 추측하고 있다.

호주 남서부에 사는 생물이다. 꽃에 앉을 수 있는 크기로 1년 내내 꽃이 피는 지역에서 산다. 어미는 출산 시기를 조절할 수 있으며 캥거루처럼 육아낭에서 새끼를 키운다. 최근엔 야생 고양이가 잡아먹어 수가 급감하고 있다.

165

포유류

하늘과 땅의 그 어떤 천적도 쫓아오지 못하는 '날쌘돌이'
동부바위코끼리땃쥐

학명 : *Elephantulus myurus*

- 흉포성
- 희귀성
- 진화도
- 변신력
- 미스터리

 이 점이 굉장해! 도주로를 보수하고 유지하는 데 하루의 반 이상을 쓴다.

빠르게 달리다
캥거루처럼 생긴 뒷다리를 이용해 빠른 속도로 달릴 수 있다. 긴 꼬리를 이용해 빨리 달리면서도 균형을 유지해 직각으로도 돌 수 있다.

후각
코끼리처럼 생긴 코를 자유롭게 움직일 수 있어 후각이 예민하다.

서식지 : 아프리카 남부의 삼림, 초원

먹이
곤충, 식물

몸길이 : 10~30cm 체중 : 50~500g

특징
7~1월에 짝짓기를 하는데 짝을 찾기 위한 행동으로 발로 둥둥 소리를 내거나 향이 나는 분비물로 표시를 한다.

쥐라는 이름이 붙어 있지만, 전혀 다른 동물로 오랜 세월 분류하는 것이 어려웠다. 천적이 많은 아프리카에서 살아남기 위해 빠르게 달린다. 이 스피드는 치타가 같은 크기라고 가정할 때, 치타보다도 더 빠르다.

나무 타는 캥거루?
굿펠로우나무타기캥거루

포유류

학명 : Dendrolagus goodfellowi

| 흉포성 | ■■ | 진화도 | ■■■ | 미스터리 | ■■■■ |
| 희귀성 | ■■■■■ | 변신력 | ■ | | |

이 점이 굉장하다! 나무 위에서 살아도 점프력은 살아 있다.

털
어깨에서 머리에 걸친 등 가운데 털이 반대 방향으로 나 있어 몸을 둥글게 말면 빗물이 흘러내려 쉽게 젖지 않는다.

완력
다른 캥거루보다 팔 근육 힘이 세서 팔심으로만 나무에 매달릴 수 있다.

발톱
다른 캥거루처럼 발톱이 직선으로 뻗은 것이 아니라 크고 둥글게 휜 갈고리 모양 발톱이다.

종잡을 수 없다! 매우 희한한 생물

서식지 : 뉴기니 섬, 호주 동부 일부 숲

먹이
나뭇잎, 과실

몸길이 : 80cm **체중** : 8kg

특징 삼림 벌목이 심각해져 서식지가 사라져 먹을 것이 없어져도 좀처럼 그곳을 떠나지 않아 수가 급감하는 중이다.

뉴기니 섬과 호주에 적은 수가 살고 있다. 나무 위에서 생활하는 캥거루다. 나뭇가지 위에서 움직일 때 굉장히 재빠르며 18m 정도 되는 나무에서 바닥으로 바로 뛰어내리기도 한다. 나무 생활에 적응한 희귀한 캥거루다.

포유류

원숭이가 된 유대류?

얼룩쿠스쿠스

학명 : *Spilocuscus maculatus*

| 흉포성 | 진화도 | 미스터리 |
| 희귀성 | 변신력 | |

이 점이 굉장하다! 유대류 중에서 가장 모습이 괴상하다.

청각
둥근 얼굴과 털로 감춘 작은 귀가 특징이다. 청각과 후각이 발달했다.

발톱
둥글게 휜 발톱으로 나무에 찰싹 매달릴 수 있으며 빗처럼 털 고르기에도 편리하다.

꼬리
몸 전체와 비슷한 길이의 꼬리가 있으며, 꼬리로 나무에 매달릴 수도 있다.

The World of Weird Creatures

굿펠로우나무타기캥거루와 비교하면 꼬리가 가늘어서 원숭이에 더 가까워 보인다.

수컷은 몸에 갈색 반점이 있는 데 비해, 암컷은 새하얀 색이다.

같은 유대류로, 나무를 타는 굿펠로우나무타기캥거루.

종잡을 수 없다! 매우 희한한 생물

서식지 : 뉴기니 섬, 호주 동부 일부 삼림

몸길이 : 50cm   체중 : 3kg

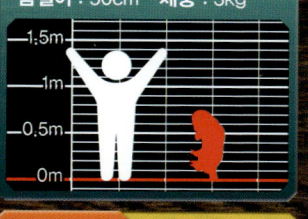

먹이
잎, 나무 열매, 곤충, 새의 알

특징
호주에서는 유대류만 다양하게 진화했다. 쿠스쿠스는 거의 타 지역 원숭이 정도로 진화했다.

눈 색깔은 노란색과 오렌지색부터 붉은 계열까지 다양하고 뱀의 눈처럼 동공이 길게 갈라져 있다. 나무 위에서 생활하며 식물뿐만 아니라 작은 동물 등을 잡아먹는다. 형태만 봐도 원숭이로 진화한 유대류라고 할 수 있다.

아마존강돌고래

강에 사는 환상의 분홍 돌고래!

포유류

학명 : *Inia geoffrensis*

- 흉포성
- 희귀성
- 진화도
- 변신력
- 미스터리

이 점이 굉장하다! 팔다리가 지느러미로 변한 초기 고래의 모습

이빨
이빨은 물고기를 놓치지 않으려고 잡는 역할만 하며 끝이 둥글둥글하다.

시각
눈은 작지만, 시력은 괜찮은 편이다.

서식지 : 남미 아마존강 유역

몸길이 : 2.8m 체중 : 150kg

먹이
물고기, 게, 거북

🍴 **먹는다면?** 현지에서는 옛날에는 식용이었다.

특징 아마존 이외에 인도나 중국에도 사는 강돌고래는 멸종 위기에 처해 있다.

고래목 강돌고래과 중에서 가장 큰 돌고래이다. 3,500만 년 전 원시적인 고래의 특징을 지닌 '살아 있는 화석'이기도 하다. 다만, 등에 돌고래의 트레이드 마크인 등지느러미가 없으며 삼각형 혹만 있다.

The World of Weird Creatures

굵고 긴 부리와 약간 융기한 분기공을 가졌다.

종잡을 수 없다! 매우 희한한 생물

주름민목독수리

최강 독수리를 만나다!

조류

별명 : Lappet-faced vulture   학명 : *Torgos tracheliotos*

- 흉포성 ■■□
- 희귀성 ■■■
- 진화도 ■■□
- 변신력 ■□□
- 미스터리 ■■■

이 점이 굉장하다! 면역력이 강해 병에 잘 걸리지 않는다.

방어
머리에 털이 없는 이유는 죽은 고기의 잡균이 머리에 남아 있지 않도록 매일 일광욕을 하기 위해서다.

시력·후각
시력과 후각이 모두 뛰어나, 수 km 앞에 있는 동물의 사체도 발견한다.

잡는 힘
사냥을 하지 않아서 움켜쥐는 힘은 다른 맹금류보다 약하다.

서식지 : 아프리카 초원 지대

몸길이 : 1m   날개 포함 : 3m   체중 : 9kg

먹이
죽은 동물

특징
악당의 이미지가 있지만 죽은 고기를 먹어 준 덕에 초원 전체에 나쁜 병균이 퍼지는 것을 막아 준다.

아프리카 초원 지대에 사는 독수리들은 맹금류인데도 불구하고 사냥을 하지 않는다. 그중에서도 주름민목독수리는 유난히 성질이 난폭해서, 죽은 고기를 찾아다니던 다른 종 독수리가 먹는 순서를 양보할 정도다.

모래사장에 사는 수수께끼의 생물
하테나 아레니콜라

미생물

학명 : *Hatena arenicola*

흉포성		진화도		미스터리	
희귀성		변신력			

이 점이 굉장하다! 동물일까, 식물일까? 온통 수수께끼인 생물

➡ 헤엄치다
편모를 움직이면서 물속을 헤엄친다.

입
편모 옆에 입이 있어서 먹이를 잡아먹는다. 먹잇감이 광합성을 하는 생물일 경우엔 공생하기도 한다.

종잡을 수 없다! 매우 희한한 생물

서식지 : 와카야마현의 모래사장에서 발견

몸길이 : 직경 30마이크로미터

- 0.003mm
- 0.002mm
- 0.001mm
- 0mm

먹이
광합성 생물(식물)

특징
동물도 식물도 아니기에 일본어에서 수수께끼를 뜻하는 '하테나'라는 이름을 학명으로 지었다.

2006년에 발견한 단세포 진핵생물이다. 긴 채찍 모양의 편모를 사용해서 먹이를 찾기도 하고 동물처럼 움직인다. 편모충의 하나로 식물과 유사하며, 생활사의 한 단계에서 조류 내부에서 광합성을 한다. 생물 진화의 수수께끼를 풀 수 있는 열쇠로 주목받고 있다.

불우렁쉥이

빛이 나는 거대한 호스

척삭동물

학명 : *Pyrosoma spinosum*

| 흉포성 | ■■ | 진화도 | ■ | 미스터리 | ■■■■ |
| 희귀성 | ■■■ | 변신력 | ■■ | | |

이 점이 굉장하다! 태고의 원시적인 동물 모습

➡ 떠다니다
헤엄을 치진 못하고 바닷속에서 둥실둥실 떠다닌다. 물고기에게 잡아먹히기도 한다.

⚡ 발광
한 마리, 한 마리에 각각 공생하는 박테리아가 있는데 이 박테리아가 빛을 낸다. 빛은 100m 밖에서도 보인다.

❗ 군체
작은 벌레가 모여 거대한 형태를 이루고 있다.

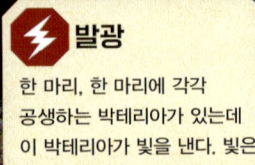
서식지 : 전 세계 얕은 바다

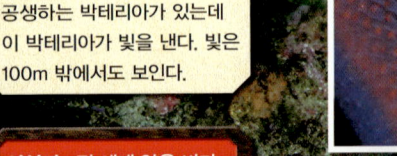
몸길이 : 10m 이상

먹이
동물성 플랑크톤, 새우

특징
1cm인 불우렁쉥이부터 수 미터에 이르는 개체까지 몸길이가 다양하다.

얕은 바다에 서식하는 원시적인 동물. 불우렁쉥이는 원기둥 또는 원뿔 형태로 수백에서 수천 마리씩 군체를 이룬다. 개충은 붉게 빛나는데, 새우 등을 유인하여 여과시키는 식으로 먹는다. 잔잔한 바다에서 선원들이 불우렁쉥이를 때때로 발견한다고 한다.

우리 가까이에 있는 불로불사의 생물
작은보호탑해파리

히드로충류

별명 : Immortal jellyfish　학명 : *Turritopsis nutricula*

흉포성		진화도		미스터리	
희귀성		변신력			

이 점이 굉장하다!
다시 젊어지는 불가사의한 메커니즘

⚠ 방어
불로불사. 이 해파리가 다시 회춘할 수 있는 이유를 찾아 인간에게도 적용할 수 있다면 다시 젊어져서 영원히 사는 것도 불가능한 게 아니다.

◐ 촉수
성체가 되면 촉수가 80~90개나 되는데, 주로 플랑크톤을 잡는 데 사용한다.

종잡을 수 없다! 매우 희한한 생물

서식지 : 전 세계 온난한 얕은 바다

먹이
아주 작은 동물, 플랑크톤(새우의 일종 등)

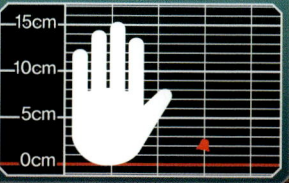

몸길이 : 직경 5mm

특징 몸이 투명하여 붉은 위(소화기)가 보인다. 유체 시기에는 폴립이라 부르는 말미잘 비슷한 모습을 하고 있다.

일반적인 해파리는 생식, 산란 후에 수명을 다하고 죽지만, 이 해파리는 성적으로 성숙했다가 폴립 상태를 통해 어린 개체로 돌아가 다시 젊어진다. 노인에서 회춘하여 다시 어린아이가 되는 과정을 반복하므로 굶어 죽거나 잡아먹히지 않는 한 죽지 않는다.

175

극피동물

5억 년 전 식물처럼 생긴 바다 동물
바다나리

별명 : Feather stars　학명 : *Comatulida*

흉포성		진화도		미스터리	
희귀성		변신력			

이 점이 굉장하다! **인류와 선조가 같은 가장 오래된 동물**

팔
팔이 길고 가늘며, 깃털처럼 생겼는데 둥글게 말거나 먹잇감을 잡을 수 있다. 중앙에 입이 있으며 바로 옆에 항문이 있다.

⚠ 움직이지 않는다
동물이지만 움직이지는 못한다. 뿌리처럼 생긴 다리로 암석이나 산호에 달라붙어 있다.

서식지 : 전 세계 바다, 얕은 바다~심해까지

몸길이 : 15cm

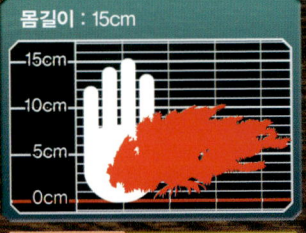

먹이
플랑크톤

특징 촉수 뿌리에 원시적인 뇌가 있다. 약 5억 년 전 모습이 지금까지 유지되고 있다.

고사리의 잎과 비슷하게 생겼지만, 사실 이것은 촉수로, 성게나 불가사리에 가깝다. 암컷, 수컷으로 나누어져 있으며 체외 수정을 한다. 육지에 동물이 없던 시대부터 지구에 나타난, 공룡보다 오래된 초고대 동물이다.

아홀로테

전설 속 식인 지렁이?

파충류·양서류

별명 : Five-toed worm lizard   학명 : *Bipes biporus*

- 흉포성
- 진화도
- 미스터리
- 희귀성
- 변신력

 이 참이 굉장하다! 도마뱀에서 뱀으로 진화하는 중이다.

스스로 자르다
도마뱀답게 꼬리 끝을 스스로 자를 수 있지만 새로 자라진 않는다.

이빨
눈꺼풀은 사라졌고 눈과 귀도 퇴화했다. 날카로운 이빨로 난폭하게 공격해 댄다.

앞다리
앞다리가 있다. 하지만 다른 지렁이도마뱀들은 앞다리가 퇴화하여 모습만큼은 지렁이와 똑같다.

종잡을 수 없다! 매우 희한한 생물

서식지 : 멕시코 건조 지대 흙 속

먹이
곤충, 지렁이, 드물게 도마뱀 등

몸길이 : 20cm

특징 현지인들은 기묘한 모습 탓에 식인 지렁이라고 부르지만, 사람을 공격한 적은 없다.

지렁이와 비슷한 색과 몸길이를 지녔으나 뒷다리가 퇴화한 도마뱀의 일종이다. 현재 흙 속 생활에 적합한 몸으로 진화하는 중이다. 가느다란 몸통에 맞추어 오른쪽 폐도 퇴화하는 중이다(뱀은 왼쪽 폐가 퇴화했다.).

그 외 생물

심해에 사는 수수께끼의 신종 육식 생물!

하프 스펀지

별명 : Lyre sponge   학명 : *Chondrocladia lyra*

심해 생물

흉포성 ■
진화도 ■
미스터리 ■■■
희귀성 ■■■
변신력 ■■■

이 점이 굉장하다!
하프처럼 생겨 아무리 봐도 동물 같지 않은 생물

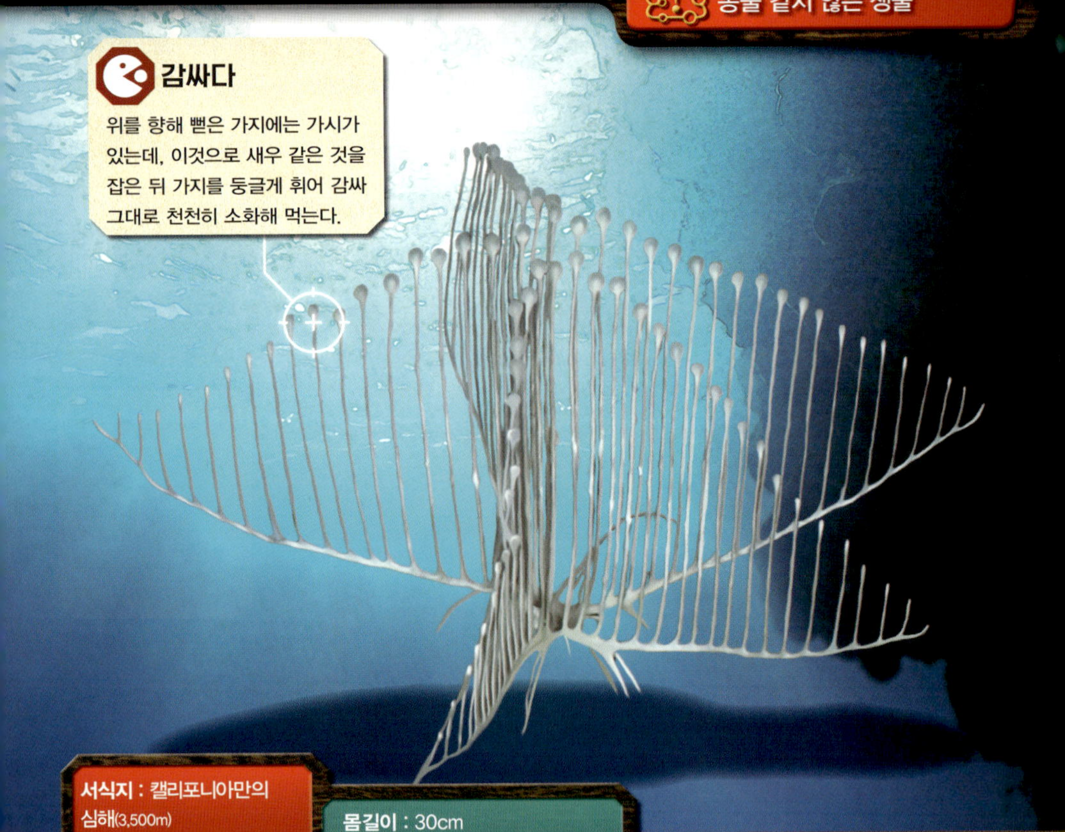

감싸다
위를 향해 뻗은 가지에는 가시가 있는데, 이것으로 새우 같은 것을 잡은 뒤 가지를 둥글게 휘어 감싸 그대로 천천히 소화해 먹는다.

서식지 : 캘리포니아만의 심해(3,500m)

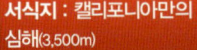

몸길이 : 30cm

먹이
새우 같은 갑각류?

특징
먹이가 적은 심해에서 해류에 떠밀려 온 먹잇감을 잡기 쉽도록 진화한 것으로 추측하고 있다.

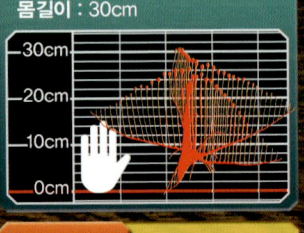

2000년에 캘리포니아만 수심 3,500m 지점에서 발견됐다. 아직 정식 영문명이 없다. 옆으로 뻗은 수많은 가지와 위를 향해 돌출된 가지 끝의 둥근 부분이 직각삼각형 하프 모양을 만들어 낸다. 아직 이 생물에 대해 상세히 알려진 정보는 없다.

통거미

실처럼 생긴 육식 동물

절지동물

별명 : 장님거미 학명 : *Opiliones*

- 흉포성 ■
- 진화도 ■
- 미스터리 ■■■
- 희귀성 ■
- 변신력 ■

이 점이 굉장하다! 가까이에서 볼 수 있는 미스터리한 생물

자절(自切)
몸 크기의 20배 가까운 길이를 지닌 네 개의 다리가 있다. 천적이 공격하면 다리를 끊고 도망친다.

종잡을 수 없다! 매우 희한한 생물

시력
눈은 어둡고 밝은 것 정도만 확인할 수 있는 단안으로 2개밖에 없다.

서식지 : 전 세계 삼림 지대

먹이
곤충, 사체, 버섯

몸길이 : 1cm **다리 길이** : 18cm

특징
통거미에 속하는 종류가 전 세계에 4,000종이나 있다. 해외에서는 '키다리 아저씨'라는 애칭으로도 불린다.

얇고 가는 다리로 거미라고 생각할 수 있지만 사실 진드기에 가깝다. 머리와 가슴이 붙은 두흉부와 복부가 밀착되어 콩알같이 생겼다. 곤충을 먹는 등 육식을 하지만 사람에게는 해롭지 않다. 곤충이 지구에 출현한 4억 년 전부터 있던 원시 생물이다.

이상한 장소에서 사는 생물

지구에는 다양한 생물이 살고 있다. 그중에는 상상을 초월하는 곳에서 사는 생물도 있다. 신기한 서식처와 그곳에 사는 생물들을 한번 살펴보자!

뜻밖의 장소에서 사는 생물

다른 생물의 가죽을 뒤집어쓴 외계인

큰살파벌레

학명 / *Phronima sedentaria*

심해에 사는 2cm의 갑각류(새우의 일종)다. 통 모양의 불우렁쉥이나 플랑크톤을 공격하여 안을 파먹고 남은 껍데기를 뒤집어쓰고 생활한다. 살아 있는 상태에서는 발견하기가 쉽지 않다.

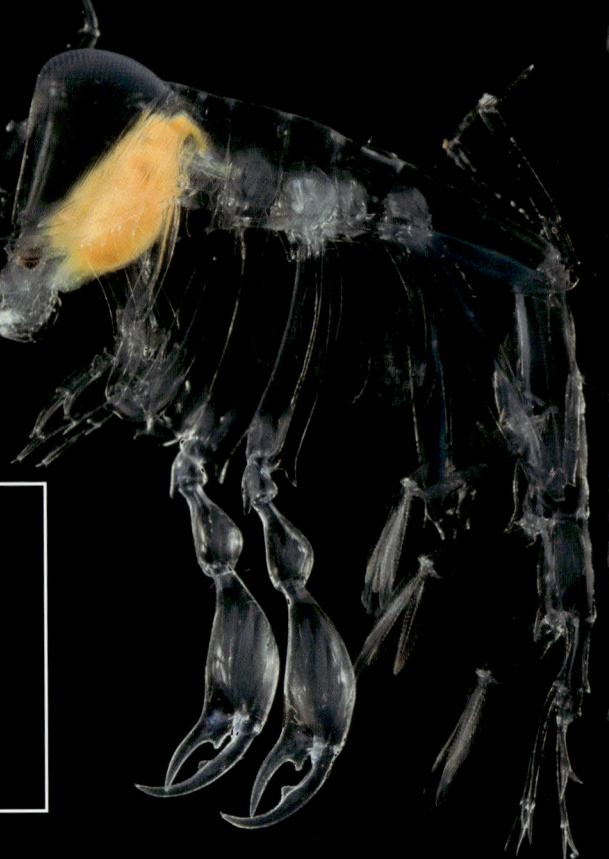

큰살파벌레가 불우렁쉥이 종의 껍데기 안에 들어가는 중이다.

숨을 멈추고 물에서 생활한다

물거미
학명/*Argyroneta aquatica*

약 35,000종이 넘는 거미 종 중 유일하게 물에서 생활한다. 아가미가 없어서 공기를 물속으로 끌고 가, 실로 만든 돔 형태의 집에 쌓아 두는데, 돔은 쉬는 장소다. 작은 새우를 사냥한다.

밤에 숲을 걸어 다니는 수상한 앵무새

카카포
학명/*Strigops habroptila*

뉴질랜드에는 땅에 천적이 없어서 아예 날 수 없게 된 새가 몇 종 있다. 이 새는 전 세계에서 유일한 야행성 앵무새로 낮에는 덤불에서 휴식을 취한다. 지구에 약 120마리밖에 없다.

세계에서 가장 ○○한 장소에서 사는 생물

세계에서 가장 높은 곳에 사는 까마귀

알파인초프
학명 / *Pyrrhocorax graculus*

유라시아 대륙 북부 지역에서 서식하는 부리가 노란 까마귀다. 악천후거나 강풍이 불어도 날 수 있어 고산 지대에서도 거뜬히 살아간다. 해발 고도 8,200m의 에베레스트에서 발견된 예가 있다.

※이 새우는 표본이다.

세계에서 가장 깊은 곳에 사는 새우

해구대저옆새우(일본명)
학명 / *Hirondellea gigas*

세계에서 가장 깊은 바다, 태평양 마리아나 해구의 챌린저 해연(수심 10,920m)에서 1995년 일본 조사팀이 발견했다. 당시 이 정도 깊이에서 살 수 있는 생물은 없다고 생각했기에 세계를 깜짝 놀라게 했다.

나무로 착각해서 전봇대에 둥지를 짓기도 한다.

세계에서 가장 큰 둥지를 짓고 사는 새

떼베짜는새

학명/*Philetairus socius*

아프리카 남부에 사는 참새의 일종. 일부일처제지만 300마리 정도가 각자 마른 잎을 모아 공동 주택인 맨션처럼 한 개의 둥지를 지어 산다. 이 둥지의 지름이 10m나 된다.

각자의 둥지에서 한 쌍의 새가 새끼를 키운다.

?! 공생하는 생물

?! 나무늘보의 털 속에 산다?

나무늘보나방(미국명) 학명/*Cryptoses choloepi*

이 나방은 남미에 사는 나무늘보 털에서 생활한다. 나방은 천적인 새로부터 몸을 지킬 수 있고 나무늘보는 나방의 똥으로 생긴 이끼 덕분에 녹색으로 의태할 수 있어 천적에게서 자신을 보호할 수 있다.

◀녹색으로 의태한 모습.

?! 기생하는 생물

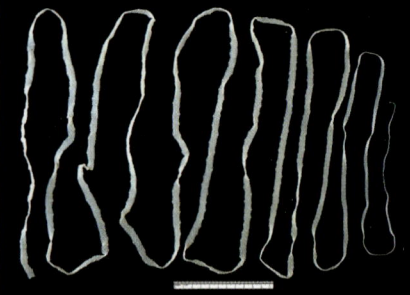

▲성장하면 최대 10m나 자라는 것도 있다.

?! 구멍이 있으면 어디든 들어가는 물고기

흡혈메기 학명/*Vandellia cirrhosa*

남미 아마존강에서 서식하는 메기의 일종으로, 몸집이 큰 물고기의 아가미를 통해 몸 안으로 들어가 내장을 먹는다. 사람의 경우, 오줌을 배출하는 요도 등을 통해 안으로 들어갈 수 있다. 현지에서는 피라냐보다 더 무시무시한 물고기로 알려져 있다.

학명/*Spongicola venusta*

?! 다른 생물을 집으로 삼는 새우

해로동굴해면류와 해로새우

해로동굴해면류는 1,000m 심해에서 서식하는 15cm 정도의 해면동물이다. 모습이 아름다워서 외국에서는 '비너스의 꽃바구니'로 불린다. 그 안에서 1쌍의 해로새우가 편리 공생(한쪽은 이익을 받고, 다른 한쪽은 이익도, 불이익도 없는 관계)을 한다.

1쌍의 암수가 이 안에서 평생을 함께하기에 '백년해로'의 '해로'라는 이름이 붙었다.

학명/*Euplectella aspergillum*

사진 제공 : 나고야항수족관

?! 인간의 몸에서 10m나 성장하는 거대한 벌레

민촌충 학명/*Taenia saginata*

인간의 몸에 서식하는 기생충. 음식에 붙어 있던 기생충 알이 사람의 장에서 부화하여 장 안에서 성장한다. 끈처럼 생겼으며 입과 소화관이 없어 인간의 장에 몸을 붙여 영양분을 흡수한다.

생물 다양성 핫스팟 (Hot Spot)

핫스팟

핫스팟이란 무엇일까?

여러 종류의 귀중한 생물들이 사는 지역임에도 현재 인간의 활동 탓에 풍부한 자연=생물 다양성이 급속히 붕괴될 위험에 처한 지역을 핫스팟이라고 합니다. 전 세계에서 34곳이 지정되었으며 한국의 이웃 국가인 일본은 '국가' 단위로 지정된 소수 구역 중 하나입니다. 이 핫스팟에서만 지구에 존재하는 식물, 조류, 포유류, 파충류, 양서류의 60%가 서식하고 있습니다.

생물 종의 멸종

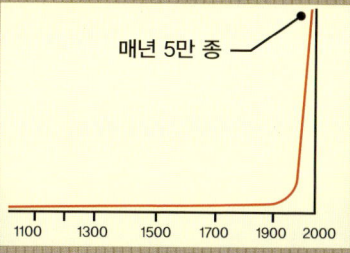

매년 5만 종

멸종 속도

연대	멸종 속도
백악기 후기	0.001종/년
1600~1900년	0.25종/년
1900년	1.0종/년
1975년	1000종/년
2000년	40000종/년

생물은 진화와 멸종을 반복해 왔습니다. 멸종 자체는 지구에서 살아가는 생물에게는 필연인지라 놀랄 일이 아니지만, 문제는 근래 들어 멸종 속도가 빨라졌다는 데 있습니다. 공룡이 멸종했을 때와는 비교도 할 수 없을 만큼 무서운 속도로 진행 중입니다.

가까이 있던 생물이 사라진다?

참새

송사리

사진 : Seotaro

이 세상에서 생물은 혼자서만 살아갈 수 없습니다. 먹이가 되는 생물과 주거지가 되는 나무 등 인간의 상상을 뛰어넘는 연결 고리 덕분에 생물들은 각자 삶을 살고 있습니다. 그렇기에 이 중 하나라도 사라진다면 균형이 무너져 우리가 생각지도 못한 생물까지 모습을 감출지도 모릅니다.

생물의 수는 얼마나 될까?

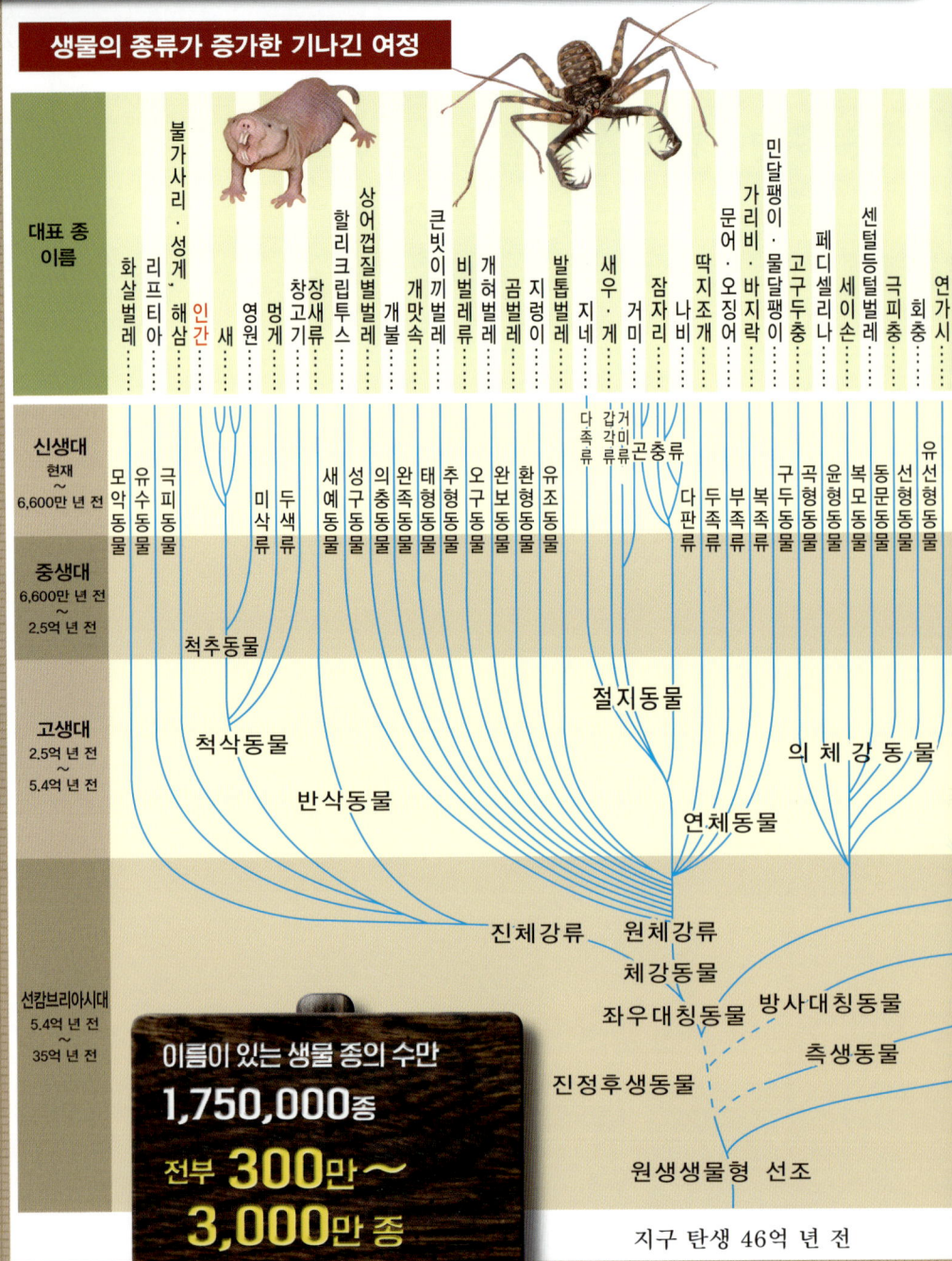

생물의 종류가 증가한 기나긴 여정

이름이 있는 생물 종의 수만 **1,750,000**종
전부 **300만~3,000만** 종

지구 탄생 46억 년 전

지구에는 대체 얼마나 많은 종류의 생물이 살고 있을까요? 과학이 발달한 지금도 정확히 조사할 방법이 없기에 학자에 따라 그 수는 큰 차이를 보입니다. 다양하게 진화한 수많은 생물을 아래 표처럼 종류별로 나누었습니다.

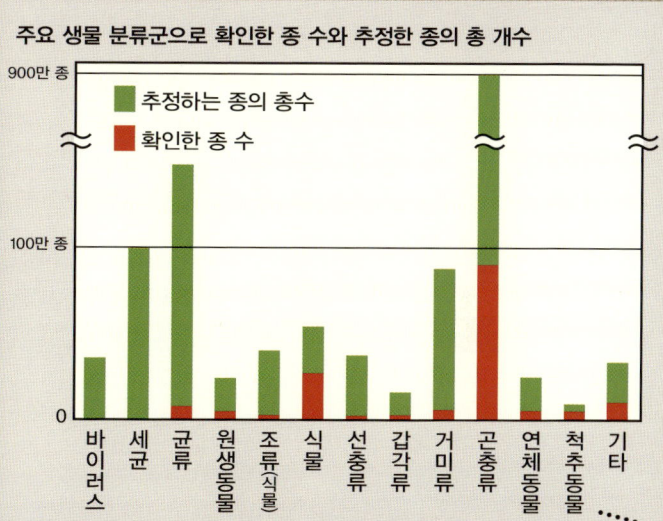

주요 생물 분류군으로 확인한 종 수와 추정한 종의 총 개수

현재 인류가 연구를 통해 이름을 붙일 수 있었던 생물의 수는 175만 종 정도이며 실제로는 아직 이름조차 붙이지 못한 생물이 적어도 125만~3,000만 종 정도 있다고 추측하고 있습니다. 그래프를 보면 지구에는 곤충과 균류가 많다는 것을 알 수 있습니다. 사람이 발견하지 못한 채 멸종한 생물도 아마 아주 많을 거예요.

[출처]UNEP:Global Biodiversity Assessment 지구환경연구회(편):3장 지구 환경 키워드 사전, 중앙법규출판 (2001년2월25일)P85

사람을 포함한 척추동물의 종류는 오른쪽 표에 나온 수예요. 조류, 파충류는 포유류의 2배에 가깝지요. 어류는 5배나 많답니다.

척추동물 분류와 종류

	현재 총 종수
포유류	4,763
조류	9,946
파충류	7,970
양서류	4,950
어류	25,000

무체강동물

필로스페르모이데아
이배충
플라나리아
끈벌레
풍선빗해파리
해파리
털납작벌레
목욕해면

중생동물
악구동물
편형동물
유형동물
자포동물
유즐동물
판형동물
해면동물

189

비주얼 미스터리 백과

일반 상식으로는 도무지 설명할 수 없다!

역사와 문화, 과학과 기술을 아우르는 전 세계 미스터리의 집결체,

비주얼 미스터리 백과 시리즈!

올컬러 | 각 권 값 11,000원

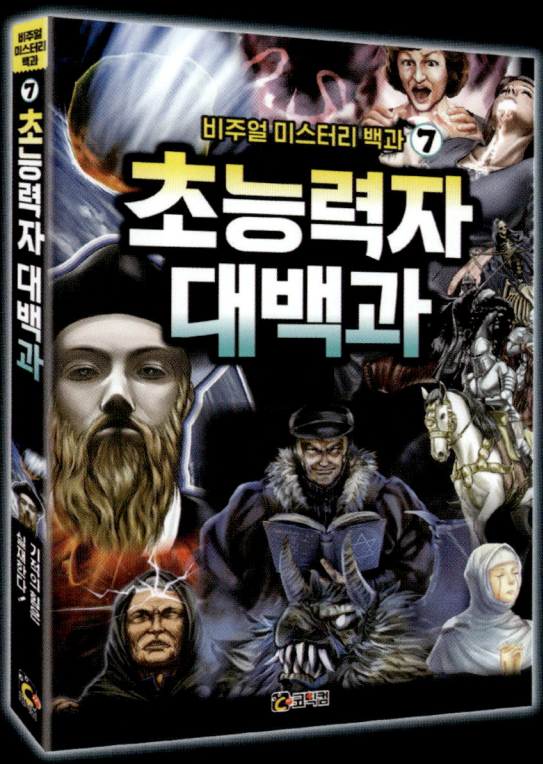

비주얼 미스터리 백과
① 잃어버린 문명 대백과
② 초자연 현상 대백과
③ UFO·외계인 대백과
④ 미지 동물 대백과
⑤ 세계 요괴 대백과
⑥ 몬스터 대백과
⑦ 초능력자 대백과
⑧ 드래곤 대백과(예정)

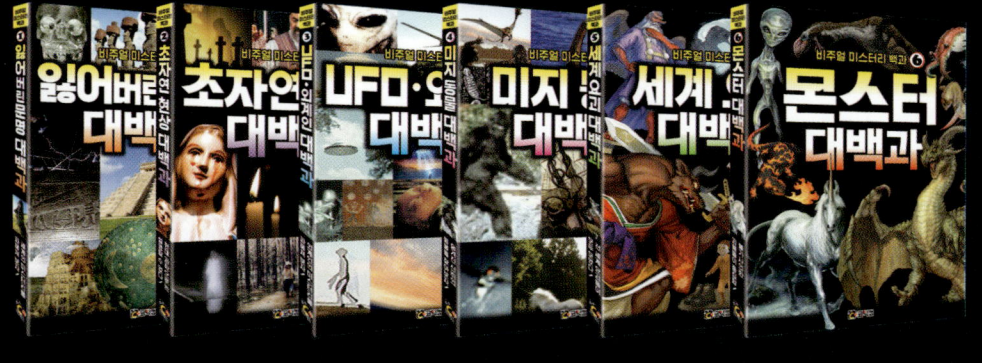

코믹컴 전화 031)912-4292 팩스 031)912-4294 루덴스미디어(주)

저자 소개 　신타쿠 코지
1968년 출생. 생태과학연구기구 이사장.
전공은 동물 행동학. 조치대학 대학원 수료 후, 교토대학, 도쿄대학을 거쳐 타마동물공원,
우에노동물원에서 근무했다. 포유류, 조류, 파충류, 양서류, 곤충 등 약 400여 종의 야생 동물의
생태 지식과 사육 방법을 터득했다. 수렵 면허가 있으며 야생 동물의 생태 조사에 활용 중이다.
과학 방송 프로그램과 동물 예능 프로그램의 기획 및 출연을 포함해 지금까지 약 300 작품
이상을 감수했다. 세계 최고 권위의 네이처 다큐멘터리 영화인 영국 BBC의 '네이처' 일본어판을
감수했으며, 자연 체감형 뮤지엄 Orbi YOKOHAMA를 시작으로 다양한 동물원, 수족관에서 감수
및 프로듀싱을 하고 있다. 대학과 전문학교에서 강의한 지도 20여 년이 지났다.

시리즈 도서 　「위험 생물 공포 백과」
Twitter : Koji_Shintaku

일러스트 　이와자키 마사시　1장(무시무시한 외모의 생물), 2장(괴상한 생물), 3장(비밀 병기를 가진 생물),
　　　　　　　　　　　　　　4장(기분 나쁜 생물), 7장(매우 희한한 생물), 특집 페이지(심해 생물)

　　　　　　마츠시마 코이치로　1장(파야라), 2장(코주부원숭이), 3장(보라문어),
　　　　　　　　　　　　　　특집 페이지 : 심해 생물(그림포테우티스)

　　　　　　㈜Wade(하라다 친로, 혼다 하루쿄, 와타나베 신고) 본문 삽화

장정, 본문 디자인　다카가키 토모히코(카와우소 부장)
편집 협력　다카하시 준지, 노구치 다케시(JET)

**사진 제공　**Aflo(SIME, Reinhard Dirscherl, 다카노 세이지, Folio Bildbyra, Blickwinkel, Science
Source, Photoshot, homas Maren, Science Faction, picture alliance, Alamy, Photononstop, FLPA,
Picture Press, 코케츠 이쿠오, 나카이 토시카즈, Prisma Bildagentur, ENKICHI.N, Juniors Bildrchiv,
SuziEszterhas/Minden Pictures, Jose Fuste Raga, AGE FOTOSTOCK, imago, 미즈구치 히로야,
Science Photo Library, 로이터, 야마가타 고, 마이니치 신문사, imagebroker, National Pictures/TopFoto,
이다 노부요시, Robert Harding, Bluegreen Pictures, WESTEND61, Culture Creative, David Wall,
후루미 큐우, Super Stock)

코믹컴 비주얼 사이언스 백과 ❷ 괴짜 생물 절규 백과

저자 신타쿠 코지	
역자 최진선	
찍은날 2017년 11월 14일 초판 1쇄	등록 번호 제 396-3210000251002008000001호
펴낸날 2019년 1월 18일 초판 2쇄	등록 일자 2008년 1월 2일
펴낸이 홍재철	ISBN 979-11-88406-02-9
편집 이혜원	ISBN 979-11-88406-00-5(세트)
디자인 박성영	
마케팅 황기철·안소영	결함이 있는 책은 구입하신 곳에서 바꾸어 드립니다.
펴낸곳 루덴스미디어(주)	값은 뒤표지에 있습니다.
주소 경기도 고양시 일산동구 무궁화로 43-55,	
604호(장항동, 성우사카르타워)	이 도서의 국립중앙도서관 출판시도서목록(CIP)은
홈페이지 www.ludensmedia.co.kr	e-CIP홈페이지
전화 031)912-4292 │ 팩스 031)912-4294	(http://www.nl.go.kr/ecip)에서 이용하실 수 있습니다.
	(CIP제어번호 : CIP2017029303)

BUKIMISEIBUTSU ZEKKYO ZUKAN by Kouji Shintaku
Copyright © Kouji Shintaku, 2016
All rights reserved.
Original Japanese edition published by Nagaokashoten, LTD.
Korean translation copyright © 2017 by Ludens Media Publishing Co., Ltd.
This Korean edition published by arrangement with Nagaokashoten, LTD., Tokyo, through
HonnoKizuna, Inc., Tokyo, and EntersKorea Co., Ltd.